FACULTÉ DE DROIT DE TOULOUSE

DU PAIEMENT DES DETTES

DANS LES

SUCCESSIONS AB INTESTAT & TESTAMENTAIRES

EN DROIT ROMAIN & EN DROIT FRANÇAIS

THÈSE POUR LE DOCTORAT

SOUTENUE DEVANT LA FACULTÉ DE DROIT DE TOULOUSE

Le jeudi 15 février 1872

Par M. MAURICE GARRIGOU, Avocat

Né à Bône (Algérie)

Lauréat de la Faculté (concours de 1866, 1867, 1868).

TOULOUSE

IMPRIMERIE LOUIS & JEAN-MATHIEU DOULADOURE

Rue Saint-Rome, 39

1872

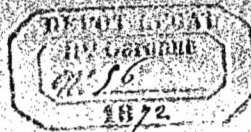

~~~wwv~~~

DU PAIEMENT DES DETTES

DANS LES

SUCCESSIONS AB INTESTAT & TESTAMENTAIRES

EN DROIT ROMAIN & EN DROIT FRANÇAIS

~~~~~

THÈSE POUR LE DOCTORAT

SOUTENUE DEVANT LA FACULTÉ DE DROIT DE TOULOUSE

Le jeudi 15 février 1872

Par M. Maurice GARRIGOU, Avocat

Né à Bône (Algérie)

Lauréat de la Faculté (concours de 1866, 1867, 1868).

~~~~~

TOULOUSE

IMPRIMERIE LOUIS & JEAN-MATHIEU DOULADOURE

Rue Saint-Rome, 39

—

1872

Ⓒ

FACULTÉ DE DROIT DE TOULOUSE.

MM. Dufour ✻, doyen, *professeur de Droit commercial.*
Rodière ✻, *professeur de Procédure civile.*
Molinier ✻, *professeur de Droit criminel.*
Bressolles ✻, *professeur de Code civil.*
Massol ✻, *professeur de Droit romain.*
Ginoulhiac, *professeur de Droit français, étudié dans ses origines féodales et coutumières.*
Huc, *professeur de Code civil.*
Humbert, *professeur de Droit romain, en congé.*
Rozy, *professeur de Droit administratif.*
Poudelle, *professeur de Code civil, en congé.*
Bonfils, *agrégé, chargé de cours.*
Arnault, *agrégé, chargé du cours d'Économie politique.*
Deloume, *agrégé, chargé de cours.*
Constans, *agrégé.*

M. Darrénougué, Officier de l'Instruction publique, Secrétaire Agent comptable.

Président de la thèse : M. Bressolles.

Suffragants. {
MM. Dufour,
Massol,
Rozy,
Deloume, *Agrégé, chargé de cours.*
} *Professeurs.*

La Faculté n'entend approuver ni désapprouver les opinions particulières du candidat.

A Mes Professeurs de la Faculté de Droit de Toulouse,

Hommage de reconnaissance et de profond respect.

A la mémoire de mon Père.

A ma Mère.

A mes excellentes Tantes, Madame veuve Bastié
et Mademoiselle Garrigou.

A mes Parents. — A mes Amis.

INTRODUCTION.

Un des plus graves problèmes qu'une législation puisse être appelée à résoudre, c'est celui qui consiste à déterminer l'influence de la mort d'une personne sur les obligations dont elle pouvait être tenue, c'est-à-dire la mesure dans laquelle ceux qui sont appelés a recueillir ses biens seront tenus du paiement de ses dettes, soit vis-à-vis des créanciers, soit dans leurs rapports respectifs.

Cette thèse a précisément pour objet d'exposer comment cette difficulté a été résolue, soit par la législation romaine, soit par notre législation française. Nous plaçant en face du décès d'un débiteur, nous nous occuperons uniquement du point de savoir ce que devenaient, dans le droit romain et dans notre ancien droit, les obligations qui, de son vivant, pesaient sur lui, ce qu'elles deviennent sous l'empire de notre code civil. Nous ne dirons donc rien du paiement des charges de la succession et notamment du paiement des legs, car le *de cujus* n'a jamais été tenu de ces obligations, elles n'ont pris naissance qu'à sa mort.

I. L'idée à laquelle s'était attachée la législation romaine, c'est celle de la continuation de la personne du défunt par l'héritier. Le patrimoine était censé ne pas changer de maître, il restait ce qu'il était. Toutes les obligations dont l'ensemble constituait le passif continuaient à subsister, en principe du

moins, dans toute leur étendue, et au regard des créanciers hé
réditaires, l'héritier ou celui qui était assimilé à l'héritier
(fr. 128 § 1 D. de reg. jur., 50, 17), en était tenu, comme le
défunt lui-même, personnellement. Les successeurs qui n'avaient
pas la qualité d'héritiers n'étaient que de simples successeurs
aux biens, alors même qu'ils prenaient une fraction du patrimoine (Ex. : légataire partiaire); ils devaient dans leurs rapports
avec l'héritier, venir à contribution en vertu de la règle : *bona
non sunt nisi deducto ære alieno*, qui est la base de toute la
théorie de la contribution aux dettes, mais ils étaient affranchis
de toute poursuite de la part des créanciers héréditaires.

Cette idée de la continuation de la personne du défunt par
l'héritier doit son origine à la constitution de la famille à Rome,
et au grand désir que les Romains avaient qu'il ne se produisit
aucune interruption dans le service des *sacra familiæ*. (Cic,
cum not. Gothofr. Tract. de Leg. xi ; Montesquieu, Esp. des
lois, xxix ch. viii ; M. Bressolles, *de l'histoire et de la philosophie
dans l'étude des lois civiles*. Rev. de lég. ix p. 16, et M. Berriat
Saint-Prix, Rev. crit. 1852, 2e vol., p. 170).

Pour corriger les inconvénients que le principe que nous
venons de poser pouvait avoir pour l'héritier, lorsque le défunt
était insolvable, on avait créé successivement : la séparation
de biens, pour l'héritier nécessaire; le bénéfice d'abstention,
pour l'héritier sien et nécessaire; et le *jus deliberandi* et plus
tard le bénéfice d'inventaire, pour l'héritier externe ou volontaire. La séparation des patrimoines permettait, d'un autre
côté, aux créanciers héréditaires de conserver, à l'exclusion
des créanciers de l'héritier, le gage que leur débiteur leur avait
laissé, dans le cas où cet héritier ne présentait pas toutes les
garanties de solvabilité.

Il semble, à première vue, que cette législation ne laissait
rien à désirer, et que le problème à résoudre avait reçu la
meilleure solution possible. Nous verrons cependant, dans le
cours de cette étude, que par suite du principe de la division

des dettes entre les héritiers, proportionnellement à la part héréditaire de chacun d'eux, principe consacré par la loi des XII tables, les créanciers pouvaient perdre une partie plus ou moins considérable de leur droit, sans qu'aucune faute pût leur être reprochée.

II. Dans notre ancien droit français, nous retrouvons, dans les pays de droit écrit, toutes les règles de la législation romaine, soit au point de vue du droit de poursuite des créanciers héréditaires, soit au point de vue de la contribution.

Nous les retrouvons aussi, dans les pays de coutumes, mais cependant avec quelques modifications assez importantes. Ainsi, l'héritier seul est toujours regardé comme le représentant de la personne du défunt, car lui seul a la vraie saisine à laquelle tous nos anciens auteurs rattachent l'obligation aux dettes *ultrà vires*; les légataires à titre universel, comme les successeurs irréguliers, n'ayant pas cette saisine, ne sont que de simples successeurs aux biens, soustraits dans le principe, soumis plus tard par des raisons d'utilité pratique, au droit de poursuite des créanciers héréditaires, dans la mesure de leur émolument; mais, à la différence du droit romain et de la législation des pays de droit écrit, celui qui vient à la succession en vertu des liens du sang a seul la qualité d'héritier : la coutume ne reconnaît à personne le droit de se créer un représentant. *Deus solus facit heredes*, disait-on, ou encore : « *Institution d'héritier n'a point lieu en France.* » Le bénéfice d'inventaire se retrouve pour sauvegarder les héritiers contre l'obligation indéfinie aux dettes, et la séparation des patrimoines comme moyen de protection pour les créanciers héréditaires contre l'insolvabilité de l'héritier; mais la législation n'offre encore aucun moyen de combattre les conséquences désastreuses du principe de la division des dettes, admis par le droit commun de la France coutumière.

III. Le Code civil a consacré purement et simplement les règles du droit coutumier. La qualité de représentant du défunt n'appartient qu'à ceux qui ont la saisine, c'est-à-dire, aux héritiers et aux légataires universels, dans le cas prévu par l'art 1006. En d'autres termes, les successeurs irréguliers, le légataire universel non saisi et le légataire à titre universel ne sont, encore aujourd'hui, que de simples successeurs aux biens. Ils ne sont donc tenus vis-à-vis des créanciers héréditaires *qu'intrà vires*, et ceux-ci peuvent même, s'ils le préfèrent, ne s'adresser qu'aux héritiers entre lesquels seulement opère le principe de la division des dettes (Art. 873 et 1220 C. C.). Le bénéfice d'inventaire est réglé par les art. 793 à 810, et les art. 878 à 881 et 2111-2113 conservent à la séparation des patrimoines, le but et le caractère que cette institution avait dans le droit romain.

Ces solutions, dont nous ne rappelons ici que les traits principaux, méritent, croyons-nous, une double critique, l'une dans l'intérêt des créanciers héréditaires, l'autre dans l'intérêt de l'héritier.

Elles sacrifient, en effet, l'intérêt des premiers, en appliquant dans toute leur rigueur, les conséquences du principe de la division des dettes; d'un autre côté, elles consacrent, au détriment de l'héritier, un principe contraire au droit naturel : son obligation personnelle et indéfinie aux dettes héréditaires. Voici comment s'exprime à cet égard Christian Wolf (Jus. nat. part. 7, § 968): « *Si defunctus adhuc esset in vivis ut ipse solveret, non plus tamen solvere posset, quam quantum est in bonis suis; non autem solvere posset de alieno, quod de suo solvere nequit; repræsentatio personæ defuncti, minime exigit ut ultra vires hæreditatis teneatur heres.* » Toullier n'est pas moins explicite : « C'est, dit-il, un principe fondé sur la raison et sur l'équité, que l'héritier n'est point naturellement obligé au-delà des forces de l'hérédité » (IV n° 352. V. dans le même sens, M. Bressolles, loc. cit., p. 50 et Merlin, Rép. V° lég. Cfr. M. Demo. XV, n° 105.)

D'après M. Berriat St.-Prix, (Loc. cit. p. 171 et 181), les

rédacteurs du code auraient bien fait d'abandonner la fiction de la représentation de la personne du défunt par l'héritier qui n'a plus de raison d'être dans notre droit moderne, et de présumer l'acceptation bénéficiaire en thèse générale.

Cette idée est bonne en elle-même, mais il y aurait cependant, ce nous semble, de grands inconvénients pratiques, au point de vue de la libre circulation des biens, à transformer ainsi tout héritier en administrateur comptable. Il vaudrait mieux, croyons-nous, faire de tout successeur, qu'il puise sa vocation dans la loi ou dans un testament, un simple successeur aux biens tenu seulement *intrà vires successionis*. Cette solution sauvegarderait les intérêts des héritiers, sans léser ceux des créanciers dont les poursuites ne pourraient être limitées qu'à l'aide d'un bon et fidèle inventaire.

Remarquons encore que, quelle que soit la solution qu'on admette sur ce dernier point, la logique conduit à placer dans la même condition tous les successeurs qui prennent une fraction du patrimoine, qu'ils viennent en vertu de la loi, ou en vertu d'un testament ; la distinction entre les successeurs aux biens et les successeurs à la personne ne nous paraît pas pouvoir être justifiée, au point de vue rationnel, si on admet avec nous, ce qui n'est pas contestable, que la succession *ab intestat* a la même base que la succession *testamentaire*, la volonté du défunt, présumée dans le premier cas, exprimée dans le second.

Après ces idées générales, voici la division que nous suivrons : nous étudierons successivement en droit romain et dans notre droit français, ancien et moderne, les quatre points suivants :

1° La portée d'application du principe de la transmissibilité des dettes ;

2° Les règles du droit de poursuite des créanciers héréditaires ;

3° Les règles de la contribution aux dettes ;

4° Et enfin, les modifications que ces règles peuvent recevoir, soit par suite d'une acceptation sous bénéfice d'inventaire, soit par suite d'une demande en séparation des patrimoines.

Nous n'avons pas la prétention de traiter à fond le sujet que nous avons choisi; il est beaucoup trop vaste pour être embrassé dans une thèse, avec tous les développements qu'il comporte. D'ailleurs ce travail aurait été au dessus de nos forces. Nous nous sommes souvenu, en commençant, du conseil du poëte latin :

> « *Sumite materiam vestris qui scribitis æquam*
> « *Viribus, et versate diù qaid ferre recusent,*
> « *Quid valeant humeri.* »

Et le but que nous nous sommes proposé sera atteint, si nous parvenons à exposer clairement les principes généraux de la matière et à bien mettre en lumière les principales difficultés auxquelles elle a donné naissance dans la pratique.

Première Partie.

DROIT ROMAIN.

CHAPITRE PREMIER.

DES DETTES TRANSMISSIBLES ET INTRANSMISSIBLES.

Lorsqu'une personne mourait, les obligations dont elle était tenue ne s'éteignaient pas avec elle : ses héritiers ou ceux qui étaient assimilés aux héritiers (Fr. 128 § 1 D., *de reg. jur.*, 50, 17), prenaient son lieu et place et en étaient tenus comme elle-même (Fr. 37 D. , *de acq. vel. omit. hered.* , 29, 2).

Ce principe, dans l'ancien Droit romain, était loin d'être aussi général que dans les derniers temps : 1° Ainsi, on a toujours admis sans difficulté que les héritiers étaient tenus des obligations de leur auteur, *quum in dando consistant*; mais on décidait, parce qu'on y voyait quelque chose d'absolument personnel, que les obligations de faire étaient, dans tous les cas, et quelle que fût la nature du fait promis, intransmissibles soit activement, soit passivement.

Cette règle fut abrogée par Justinien. Cet empereur déclara, dans la C. 13, C. *de cont. et com. stip.*, 8, 38, que toute obligation, quel que fût son objet, *sive in dando*, *sive in faciendo*, *sive mixta sit*, serait transmissible aux héritiers, par cette singulière raison : *quam penè similis omnium hominum natura est*.

Cette dernière disposition est aussi sujette à critique que celle de l'ancien droit. Il était impossible de poser comme principe absolu la transmissibilité des obligations de faire. Comme le remarque M. Vernet (Textes choisis sur les obligations, p. 213), il eût fallu distinguer, suivant que le stipulant avait eu ou non en vue la personne même du promettant, son aptitude particulière, et déclarer, selon cette distinction, l'obligation transmissible ou intransmissible aux héritiers du promettant.

2° D'un autre côté, l'ancien Droit romain prononçait la nullité des obligations dont l'exécution était reportée après la mort ou *pridiè quam promissor moriretur*, tout en reconnaissant, au moins pour celles qui pouvaient s'exécuter *uno ictu nento* (Fr. 46, § 1 D., *de verb. obl.*, 45, 1; Fr. 20 et 76, *de jure dot.*, D. 23, 3), la validité des promesses qui devaient être exécutées au moment même de la mort du promettant (G. III, § 100). Cette nullité était basée sur la règle : *Inelegans esse visum est ex personâ heredis incipere obligationem* : les héritiers ne peuvent être obligés de payer une chose que le défunt ne devait pas.

Cette disposition était mauvaise ; elle confondait deux choses bien distinctes, le droit déterminateur et le droit sanctionnateur, la naissance du droit et la faculté d'en exiger l'accomplissement, c'est-à-dire le droit d'action, alors que cependant toute créance n'implique pas la nécessité d'intenter une action. Ainsi, si mon débiteur ne paie à l'échéance, je ne pourrai pas intenter une action contre lui, et cependant ma créance n'en aura pas moins existé.

Cette confusion se comprend quand on se rappelle qu'à Rome, au lieu de reconnaître le droit de créance, le Préteur se bornait à accorder une action ; mais elle ne peut se justifier ; quand le promettant s'engageait pour la veille de sa mort ou pour après sa mort, il était inexact de dire que l'obligation ne pouvait prendre naissance que dans la personne de son héritier. Sans la disposition qui l'invalidait, elle se serait formée *hic et nunc*, elle aurait grevé immédiatement le patrimoine du promettant, et la preuve en est que s'il avait payé, il n'aurait pas pu intenter la *condictio indebiti*, et que la remise qui lui aurait été faite aurait été parfaitement valable.

Justinien a encore effacé cette deuxième restriction à la transmissibilité des obligations. Dans les C. 11 et 15, C. 8, 35, et Un. C. 4, 11, il déclare valables et transmissibles aux héritiers les obligations dont l'exécution ne doit avoir lieu qu'après la mort ou la veille de la mort du promettant (Inst. Just. III, XIX, *de inut. stip.*, § 13).

On peut donc, pour le dernier état du Droit romain, poser la règle suivante : Toute obligation, quelles que fussent la nature de son objet et l'époque à laquelle elle devait être exécutée, passait à la charge des héritiers du débiteur.

Mais ce principe n'était pas absolu ; il comportait un certain nombre d'exceptions que nous allons examiner rapidement (G. IV, § 112, *in pr.* ; Inst. Just. IV, XII, § 1).

A. Nous trouvons d'abord toute une classe d'obligations dont les héritiers étaient affranchis : ce sont les obligations qui étaient nées *ex delicto* ou *quasi ex delicto defuncti*. Gaius, à ce sujet, s'exprime de la manière suivante dans le Fr. 111, § 1, D. 50, 17) : « *In heredem non solent actiones transire, quæ pœnales sunt, ex maleficio : veluti furti, damni injuriæ, vi bonorum raptorum, injuriarum.* » Justinien fait, dans le § 9, III, IV, l'application de ce principe à l'action *legis aquiliæ*. Cette action n'était jamais donnée *in heredem*, alors même que l'objet du dommage n'ayant pas changé de valeur dans l'année du délit, l'action ne devait procurer au demandeur que la réparation exacte du préjudice qui lui avait été causé ; car, dans ce cas, l'action était au moins pénale unilatéralement ; *ex parte rei*.

Il faut se garder cependant d'exagérer la portée d'application de la proposition que nous avons posée ; il convient de la limiter par les deux observations suivantes : 1° Les actions pénales n'étaient intransmissibles aux héritiers qu'autant qu'il n'y avait pas eu *litiscontestatio* ; lorsque le délinquant ne mourait que *post litem inchoatam*, la sentence pouvait être prononcée contre les héritiers (Inst. IV, XII, § 1 ; Fr. 26 et 58, D. *de obl. et act.*,

44, 7; 87 et 164, D. 50, 17; C. 1, C. 4, 17). Il semble même résulter du Fr. 33, D. 44, 7, que lorsque l'action s'exerçait *extrà ordinem*, par exemple pour la poursuite d'une peine fiscale, il suffisait que le délinquant eût été actionné, pour que l'instance pût se continuer contre ses héritiers. — 2° D'un autre côté, alors même que le délinquant mourait *ante litem contestatam*, les héritiers pouvaient être poursuivis lorsqu'ils avaient profité du méfait de leur auteur, *ne alieno scelere ditentur* (C. 1, C. *ex delict. defunctorum*... 4, 17). Le droit d'action des créanciers avait, dans ce cas, pour mesure, l'avantage que ces héritiers avaient retiré. C'est ce que nous dit Pomponius (Fr. 38, D. 50, 17) : *sicut pœna ex delicto defuncti heres teneri non debeat ; ita nec lucrum facere, si quid ex eâ re ad eum pervenisset.* » Et Paul, complétant la pensée de Pomponius, ajoute dans le Fr. 127, D. h. t. : « *Cum prætor in heredem dat actionem, quatenus ad eum pervenit, sufficit si vel momento ad eum pervenit, ex dolo defuncti.* »

Spécialement, en ce qui touche l'action de dol, le Fr. 17, § 1, D. *de dolo malo*, 4, 3, est ainsi conçu : « *Hæc actio in heredem, et cæteros successores datur, duntaxat de eo, quo ad eos pervenit ;* » mais, si on veut connaître la pensée tout entière du jurisconsulte, il faut rapprocher de ce Fr. le Fr. 157, § 2, D. 50, 17, dont voici la teneur : « *In contractibus, successores ex dolo eorum, quibus successerunt non tantum in id quod pervenit, verumetiam in solidum tenentur, hoc est unusquisque pro eâ parte quâ heres est.* » (Adde., Fr. 12 et 49, D. 44, 7; Fr. 7, § 1, D. dep. vel contrà, 16, 3, et Fr. 152 D. 50, 17.)

Ainsi, pour régler la transmissibilité de l'obligation résultant *ex dolo defuncti*, on distinguait suivant que le dol avait été commis par le défunt en dehors de tout contrat ou dans l'exécution d'un contrat. Dans le premier cas, l'action n'était donnée contre les héritiers que dans la limite de leur enrichissement ; dans le second cas, ils étaient tenus de l'intégralité de la dette, chacun *pro parte*. Cependant cette dernière règle comportait elle-même des exceptions : le § 17, Inst. 4, 6, nous apprend que le dol commis par le dépositaire infidèle, dans le cas de dépôt nécessaire, ne donnait lieu qu'à une action *in simplum in heredes*, tandis que le délinquant était tenu *in duplum* (Fr. 1, § 1 *in fine*, et Fr. 18, D. *dep. vel cont.*, 16, 3).

B. Toutes les obligations nées *ex contractu* ou *quasi ex contractu* n'étaient pas non plus transmissibles aux héritiers. L'intransmissibilité venait quelquefois de la convention : les parties avaient stipulé, par exemple, que l'engagement serait limité à la personne du promettant ; d'autrefois, c'était la loi elle-même qui l'avait prononcée, dans le but de favoriser le crédit : c'est ainsi qu'elle avait déclaré que les héritiers des *sponsores* et des *fidepromissores* ne pourraient être recherchés à raison des engagements de leur auteur (Gaius III, § 120, et IV, § 113; Inst. III, XX, *de Fidej.*, § 2).

Remarquons que cette disposition allait à l'encontre du but qu'elle se proposait, qu'elle était tout à fait contraire au crédit. Comment, en effet, pouvait-on contracter en sécurité, alors qu'un cas fortuit pouvait vous enlever la garantie sur laquelle vous aviez compté? Aussi ne fut-elle jamais étendue aux fidéjusseurs, qui étaient seuls admis dans la pratique sous Justinien.

Mais, le plus souvent, c'était la nature même de l'objet de l'obligation qui donnait à celle-ci son caractère tout à fait personnel. C'est à cette cause qu'il convient de rattacher l'intransmissibilité des obligations résultant des contrats de société, de mandat, de *locatio operarum* ou *operis faciendi*, et *quasi ex contractu*, de la tutelle, de la curatelle ou de la gestion d'affaires (G. III, § 152 et 160; Inst. Just. III, 25, § 5 et 26, § 10). Observons toutefois que l'intransmissibilité ne s'appliquait qu'aux obligations que ces contrats pouvaient produire dans l'avenir, et que les héritiers restaient tenus, par l'action même qui pouvait être intentée contre le *de cujus*, des obligations qui avaient déjà pris naissance au moment du décès de celui-ci, et devaient supporter les dommages-intérêts auxquels leur inexécution pouvait donner lieu.

Il est presque inutile d'ajouter que, comme celles relatives aux actions *pœnæ persecutoriæ*, les règles relatives aux actions *rei persecutoriæ* pouvaient être modifiées par la *litis-contestatio*.

CHAPITRE II.

DU DROIT DE POURSUITE DES CRÉANCIERS HÉRÉDITAIRES.

Quels successeurs, en cas de décès de leur débiteur, les créanciers pouvaient-ils poursuivre ?

I. D'après le Droit civil, les créanciers ne pouvaient agir que contre les héritiers ; ils n'avaient aucune action contre ceux qui n'avaient pas cette qualité, quelque considérable que fût la portion de biens que ces derniers prenaient.

Dans les premiers temps de Rome, on ne connaissait que les héritiers *ab intestat*, ceux appelés par la loi des successions ; on ne reconnaissait pas au *paterfamilias* le droit de disposer de ses biens par testament. Cette défense tenait sans doute, comme le fait remarquer Walter, au droit de copropriété qui appartenait à tous les membres de la famille. Mais cet état de choses fut bientôt changé, à une époque qu'il est impossible de fixer. Le droit de tester se trouve toujours consacré d'une manière formelle dans la disposition suivante de la loi des XII tables, qui forme la table v, § 1 « *uti legassit super pecuniâ tutelâve suæ rei, ita jus esto.* » — Ce Droit, qui n'est que la conséquence légitime du droit de propriété, fut même considéré à Rome comme un *jus publicum*, comme une conquête de la révolution (Fr. 1 D. *Ad leg. Falc.* 35, 2). De là l'honneur dont le testament était entouré, le désir que les Romains avaient de ne pas mourir *intestats*, et cette règle que la succession *ab intestat* ne doit s'ouvrir que lorsqu'il est certain qu'il n'y aura pas d'héritier testamentaire (Inst. Just. III., 1-pr. ; Fr. 39, D. *de acq. vel om. hered.* 29, 2 ; C. 8. C. Com. *de succ.* 6. 59).

Le concours entre ces deux classes d'héritiers était impossible. Le testateur pouvait parfaitement faire, quant à ses biens, telle disposition que bon lui semblait; mais il ne pouvait pas par testament laisser un héritier pour venir concourir avec celui de la loi : « *Jus nostrum non patitur*, dit Pomponius, *eundem in paganis, et testato et intestato decessisse; earumque rerum naturaliter inter se pugna est, testatus et intestatus* » (Fr. 7, D. *de reg. juris*, 50. 17). Cette règle était très-logique : tout héritier doit être appelé, au moins éventuellement, à recueillir la totalité de la succession; il y a contradiction entre la qualité d'héritier et la vocation à une partie seulement de l'hérédité. L'héritier est, en effet, le continuateur de la personne du défunt; il acquiert plutôt une qualité que des biens; or, la personnalité du défunt est indivisible. L'héritier que le testateur s'était donné était donc appelé à recueillir toute la succession. (Inst. Just. § 5, II. xiv, Cic. de in r. II. 24; voyez aussi, sur cette règle, la monographie publiée par M. Massol et le compte rendu qui en a été fait par M. Rozy, dans la Revue critique de *Lég. et de Jur.*, t. xxxi.)

Au point de vue de l'obligation aux dettes, la condition de tous «- héritiers était la même (Inst. Just. II, xix, 6). L'héritier, qu'il puisât sa vocation dans un testament ou dans une disposition de la loi, prenait la place du défunt : *in universum jus defuncti succedit, ejusque personam sustinet;* il remplaçait son auteur, soit au point de vue actif, soit au point de vue passif (Fr.37, D. 29, 2. Fr. 24, D. *de Verb. sign.* 50, 16. Fr. 11, D. *de Div. temp. præs...* 44, 3). Il pouvait, en conséquence, exercer toutes les actions du défunt; mais il était soumis à toutes celles que ses créanciers pouvaient exercer contre lui, et il était tenu des dettes du *de cujus*, comme celui-ci en était lui-même tenu : de son vivant, le *de cujus* était tenu naturellement sur tous ses biens présents et à venir; il ne pouvait pas forcer ses créanciers à lui donner quittance, même en leur abandonnant toutes ses valeurs à un moment donné; la mort ne changeait rien à cette situation logique, naturelle; l'héritier était tenu des dettes de la succession sur ses biens personnels, même au delà des forces de la succession (Fr. 8, D. *de acq. vel om. her.* 29, 2 —59, D. 50, 17). Il s'opérait ainsi, on le voit, une confusion complète entre le patrimoine du défunt et celui de son héritier; les créanciers héréditaires devenaient les créanciers personnels de

2

l'héritier, et ceux de ce dernier voyaient leur gage commun aug^{té} menté des valeurs actives de la succession (Fr. 75. et 95, § 2, D. *de sol et lib.* 46 , 3. — C. 10 et 22 § 12, C. *de jure delib.* 6, 30).

L'héritier, une fois qu'il avait acquis la succession, était irrévocablement lié envers les créanciers héréditaires, sauf le cas de *restitutio in integrum : semel heres semper heres.* Ainsi, il restait, sauf son recours contre l'acquéreur, soumis à l'action des créanciers héréditaires, dans le cas où il avait vendu l'hérédité à un tiers. Afin d'éviter cet inconvénient, il pouvait, du moins lorsqu'il s'agissait d'une succession *ab intestat*, transmettre au tiers, au moyen d'une *cessio in jure*, l'aptitude à devenir héritier en faisant adition : alors le cessionnaire seul représentait le défunt et était par conséquent tenu de l'obligation aux dettes (G. II, §§ 35 et 36, III, § 85).

II. Mais la règle de Droit civil avait été modifiée par le Préteur et par des sénatus-consultes, soit à l'encontre des *Bonorum possessores*, soit à l'encontre des fidéicommissaires universels ou à titre universel : ces successeurs avaient été mis, au point de vue du droit de poursuite des créanciers héréditaires, sur la même ligne que les héritiers proprement dits.

A. Des Bonorum possessores. — *Le Bonorum possessor* était une personne appelée par le Préteur à recueillir une succession, soit dans le silence de la loi écrite, soit en violation d'une disposition de cette loi, soit contre la volonté formelle du testateur (Inst. Just. III, IX, *de bon. poss.*, pr.). Ce successeur n'était pas héritier, car il n'était pas au pouvoir du Préteur de faire un héritier, ce droit n'appartenait qu'à la loi, mais il était mis *loco heredis beneficio prætoris* (Inst. Just. III, IX, § 2, G. III, § 32, Ulp. reg. 28, § 12). Le Préteur le traitait comme héritier, soit au point de vue actif, soit au point de vue passif. Il pouvait intenter toutes les actions héréditaires, et il était soumis d'un autre côté aux poursuites des créanciers de la succession; mais, comme les actions directes supposaient toujours la qualité d'héritier, le Préteur ne donnait, soit au *bonorum possessor*, soit contre lui que des actions fictives, c'est-à-dire, des actions dans lesquelles il supposait au *bonorum possessor* la qualité d'héritier du Droit civil (G. iv, § 34, Ulpien, reg. 28, § 12). Ces actions n'étant jamais accordées que *cognitâ causâ*, et le Préteur ne devant se déterminer que d'après l'équité, puisque le Droit civil faisait défaut, celui-ci aurait pu ne pas permettre que le *bonorum possessor* fût poursuivi comme l'aurait été l'héritier, il aurait pu limiter l'action des créanciers à la valeur des biens recueillis; mais rien ne prouve qu'il l'ait fait : les textes semblent dire, au contraire, que, comme l'héritier, le *bonorum possessor* était tenu des dettes, même *ultra vires hereditatis* (V. Fr. 1 et 2, D. *de Bon. poss.* 37, 1 — et le Fr. 117, D. *de reg. jure* 50, 17).

B. **Des fidéicommissaires.** — Le fidéicommissaire universel, ou à titre universel, dont nous avons à nous occuper, peut être défini : une personne qui reçoit tout ou partie d'une succession par l'intermédiaire d'un tiers qui n'a été institué par le *de cujus* que sous l'obligation de restituer (Ulp., reg. 25, § 1. — Inst. Just. ii, 23 *de fid. hered.*, § 1).

Pour déterminer sa position vis-à-vis des créanciers héréditaires, une fois qu'il a obtenu la restitution, il convient de distinguer avec soin quatre périodes :

1re Période. — **Ancien Droit.** — La position du fidéicommissaire vis-à-vis des créanciers héréditaires était différente suivant le mode qui avait été employé par le fiduciaire pour lui faire parvenir l'hérédité. Lorsque, au lieu de faire adition et de restituer ensuite, l'héritier fiduciaire avait cédé *in jure* au fidéicommissaire, avant toute adition, l'hérédité qu'il était chargé de lui remettre, ce dernier était seul héritier aux yeux du Droit civil; lui seul avait qualité pour poursuivre les débiteurs de la succession, et c'était aussi contre lui que les créanciers héréditaires pouvaient agir : le fiduciaire restait complètement étranger aux uns et aux autres. Mais ce procédé ne pouvait être employé qu'autant qu'il s'agissait d'une succession *ab intestat* qu'on avait été chargé de rendre par codicille (G. ii, § 35, iii, § 85). Aussi, le plus souvent, l'héritier faisait lui-même adition et restituait ensuite au fidéicommissaire. Dans ce cas, c'était ce dernier qui restait étranger aux créanciers et aux débiteurs de la succession; le fiduciaire seul pouvait agir, et c'était contre lui que les créanciers héréditaires devaient diriger leurs poursuites, car il conservait, malgré la restitution, la qualité d'héritier, de représentant de la personne du défunt, en vertu de la maxime : *Semel heres, semper heres* (G. ii, § 251, Inst. ii, 23 § 3).

Dans cette dernière hypothèse, le fait était en complet désaccord avec le droit : le fidéicommissaire prenait tout ou partie de la succession et cependant les créanciers héréditaires ne pouvaient le poursuivre. Pour remédier à cet inconvénient et faire peser en définitive les dettes sur tous ceux qui prenaient une partie de l'actif héréditaire, l'usage s'introduisit de faire la restitution dans la forme d'une vente, *uno nummo*, de sorte que les parties avaient, pour se faire indemniser réciproquement de ce qu'elles avaient payé ou touché, les actions *empti et venditi*. Le fiduciaire et le fidéicommissaire faisaient en outre les stipulations *emptæ* et *venditæ hereditatis*, en usage pour les ventes d'hérédité (G. ii, § 252) : le fiduciaire s'engageait à constituer le fidéicommissaire *cognitor* ou *procurator* à l'effet d'intenter les actions héréditaires; et le fidéicommissaire, de son côté, s'engageait à venir défendre le fiduciaire contre toutes les actions qui seraient intentées contre lui *hereditario nomine*, en intervenant comme *procurator* ou *cognitor* dans les instances introduites par les créanciers héréditaires, pour faire rédiger en son nom l'*intentio* de la formule (G. iv, §§ 86, 87), de manière à être seul tenu de l'action *judicati* résultant de la décision rendue par le juge (Frag. vat., § 317 in fin.), ou tout au moins à l'indemniser des sommes qu'il pourrait payer comme héritier.

Les créanciers héréditaires purent-ils dès lors agir directement contre le fidéicommissaire et demander contre lui la formule rédigée comme nous venons de le dire? Non assurément tant que le *cognitor* fut en usage, c'est-à-dire, jusqu'au temps de Cicéron (v. Cic. pro Roscio com. 18), car ce mandataire ne pouvait être constitué que par paroles solennelles, en présence de l'adversaire (G. iv, § 83). Pendant cette période, les créanciers étaient toujours obligés de s'adresser d'abord au fiduciaire, sauf à le voir remplacé ensuite par le fidéicommissaire. Mais, lorsqu'on eut admis la représentation par simple *procurator*, c'est-à-dire, par un mandataire qui pouvait être constitué sans aucune solennité, en dehors de la présence de l'adversaire et même à son insu (G. iv, § 84), il est probable que les créanciers héréditaires purent agir directement contre le fidéicommissaire. On peut argumenter à l'appui de cette solution du fr. 3, D. *fam. ercisc* 10, 2, qui, dans le cas où le juge de l'action en partage a chargé un des héritiers d'acquitter toute une dette, permet au créancier de poursuivre ce dernier *in solidum*, *partim suo*, *partim procuratorio nomine*.

Le droit dont nous venons d'exposer les règles présentait de graves inconvénients. Il pouvait donner lieu à une série de procès : premier procès entre le créancier de la succession et l'héritier; procès en recours entre ce dernier et le fidéicommissaire ; d'un autre côté, les parties avaient toujours à craindre leur insolvabilité réciproque et le recours qu'elles avaient l'une contre l'autre pouvait être complétement illusoire. Quelle utilité aurait eu, par exemple, la stipulation faite par l'héritier, si, après avoir payé une dette héréditaire, son recours était dirigé contre un fidéicommissaire insolvable? Enfin les parties devaient fournir caution pour assurer l'exécution de leur promesse, c'était là encore un grand inconvénient, à cause de la difficulté de trouver de pareilles garanties. Aussi fut-il changé par le S.-C. Trébellien (rendu sous Néron, 815 de R. an 62 après J.-C.)

2me période. — Aux termes de ce sénatus-consulte la restitution du fidéicommis avait pour effet de diviser de plein droit, entre l'héritier et le fidéicommissaire toutes les créances et les dettes de la succession, quelle que fut leur nature (Fr. 10, et 64 D. ad S.-C. Tréb. 36, 1). En conséquence, toutes les actions qui d'après le Droit civil compétaient à l'héritier fiduciaire ou pouvaient être données contre lui, appartenaient également, mais seulement comme actions utiles, au fidéicommissaire et étaient données contre lui en proportion de sa part héréditaire. (Fr. 1, § 2 D. 36, 1; G. ii, § 253. Inst. Just. ii 23, § 4.) Le fidéicommissaire était donc *heredis loco* et tenu *ultra vires* de la portion de dettes qui lui incombait.(Peregrinus, de fideicom., art. 3, n° 5.)

— Mais les principes rigoureux du droit ne permettaient pas d'atteindre directement ce but; l'héritier, conservant sa qualité, même après la restitution, en vertu de la règle *semel heres semper heres*, il pouvait intenter les actions héréditaires et être seul poursuivi par les créanciers de la succession. Aussi on avait été obligé de créer l'exception *restitutæ hereditatis*, pour lui permettre de repousser les poursuites dirigées contre lui et donner aux débiteurs de la succession le moyen de se couvrir contre ses propres poursuites (Fr. 1, § 4 et Fr. 27, § 7, D. 36, 1.)

L'intérêt des créanciers avait fait admettre une exception à cette règle : le fiduciaire était tenu de défendre à l'action des créanciers, sans pouvoir leur opposer l'exception *restitutæ hereditatis*, lorsque l'absence du fidéicommissaire aurait exposé ces derniers à voir périmer le délai pour intenter leur action. (Fr. 49. pr. D. 36, 1).

Il importe aussi de remarquer, qu'une fois qu'il y avait eu *litis contestatio* avec le fiduciaire, le débat ayant été accepté par lui, soit volontairement, soit par force, lui seul était condamné sauf son recours contre le fidéicommissaire, alors même qu'il restituait l'hérédité pendant le cours de l'instance, car la litis-contestatio avait pour effet de déterminer la personne des plaideurs et entraînait novation du droit du demandeur (Fr. 78, § 15, D. 36, 1. — Bonjean, des actions, I p. 476 et 480).

Ce système ne laissait rien à désirer au point de vue de la transmission des actions héréditaires, les intérêts légitimes de l'héritier et du fidéicommissaire étaient parfaitement sauvegardés; mais la législation en vigueur était loin d'être bonne quand on l'envisageait à un autre point de vue : l'héritier direct étant, en effet, toujours libre d'accepter ou de répudier la succession, il était à craindre qu'il ne la répudiât toutes les fois qu'il était chargé de la restituer en entier, puisqu'il ne devait en retirer aucun avantage, et son refus de faire adition faisait tomber le fidéicommis. On chercha donc pour assurer l'efficacité des fidéicommis un moyen d'engager toujours l'héritier à faire adition et c'est dans ce but que fut porté (sous Vespasien ,826 de R., 73 ap. J.-C.), le S.-C. Pégasien.

3ᵐᵉ Période. — Ce sénatus-consulte contenait deux dispositions très-importantes touchant notre matière : il étendait d'une part aux fidéicommissaires la loi falcidie, et permettait en conséquence, à l'héritier, chargé de restituer plus des trois quarts de la succession ou de la portion qui lui revenait, d'en retenir dans tous les cas le quart (G. II, § 254 et 259. Inst. Just.; II, 23, §§ 5 et 8); mais, d'un autre côté, il donnait à tout fidéicommissaire le droit de contraindre toujours l'héritier à faire adition (Fr. 16, § 7 et 28, § 1, D. 36. 1.)

Le S.-C. Pégasien n'avait pas abrogé le S.-C. Trébellien. Ce dernier était encore applicable dans les deux hypothèses suivantes :

1° Lorsque la charge de restituer n'était pas imposée pour plus des trois quarts de l'hérédité ou de la portion héréditaire de l'héritier grevé du fidéicommis. Dans ce cas, les actions héréditaires étaient données, soit comme actions directes, soit comme actions utiles, au fiduciaire et au fidéicommissaire et contre eux, dans la proportion dans laquelle ils se partageaient l'actif, *pro ratâ parte* (G. II, § 255.; Inst. Just. II. 23 § 6.)

Si le testateur, au lieu de laisser à l'héritier le quart, de sa portion au moyen d'une disposition à titre universel, lui avait seulement laissé des objets à titre de legs par préciput, le fidéicommissaire pouvait seul être poursuivi : l'héritier ne prenait en effet que des *res singulares* et les dettes sont une charge du patrimoine et non des divers objets dont il se compose. (Inst. Just. II. 23, § 9. Marcien fr. 30, § 3, D. ad S.-C. *Treb.* 36.1.)

2° Toujours par application du S.-C. Trébellien, le fidéicommissaire seul pouvait être poursuivi dans le cas où l'héritier, jugeant la succession mauvaise, n'avait fait adition que sur l'ordre du Préteur, parce que, dans ce cas, celui-ci ne pouvait rien garder de l'hérédité (Fr. 37, § 14, D. 36. 1.)

Le S.-C. Pégasien s'appliquait, au contraire, dans les deux hypothèses suivantes :

1° Dans le cas où le fiduciaire invoquait la disposition de ce sénatus-consulte pour garder le quart de la succession ou de sa portion héréditaire qui avait été atteint par la disposition du *de cujus*. Le fidéicommissaire était alors placé dans la situation d'un légataire partiaire; il était donc à l'abri de toute poursuite de la part des créanciers héréditaires. Ceux-ci ne pouvaient agir que contre l'héritier qui, d'un autre côté, avait seul l'exercice des droits actifs de la succession. Cette situation obligeait les parties à se donner, comme sous l'empire des anciens principes, mutuellement caution au moyen des stipulations *partis et pro parte*, pour garantir leur part proportionnelle aux profits et aux pertes héréditaires. (G. II, § 254, Ulp. reg. 25, § 15.)

2° Le fidéicommissaire était dans la même position vis-à-vis des créanciers héréditaires, c'est-à-dire que l'héritier était seul tenu vis-à-vis de ces derniers, dans le cas où celui-ci, après avoir volontairement accepté la succession, exécutait, sans se prévaloir de la disposition que le S.-C. Pégasien contenait en sa faveur, le fidéicommis mis à sa charge par le défunt, bien qu'il excédât les trois quarts de l'hérédité ou de sa portion héréditaire. (G. II, § 256 et 257, Inst. Just. II. 23 § 6.) — Cette solution nous paraît bien difficile à justifier et nous n'hésitons pas à considérer comme plus logique et plus conforme aux principes du droit, en notre matière, l'opinion de Paul et de Modestin qui enseignaient que, dans notre hypothèse, la restitution devait se faire *ex S.-C. Trebelliano* et que les actions héréditaires devaient par conséquent se diviser entre l'héritier et le fidéicommissaire *pro ratâ parte*. Mais la manière dubitative dont s'expriment ces Jurisconsultes semble bien indiquer qu'ils s'écartaient de l'opinion généralement reçue. (Paul, sentences. liv. IV, III. § 2 et Modestin Fr. 45, D. 36, 1.)

Ainsi, dans le principe, le fidéicommissaire était *emptoris loco* et par conséquent n'était pas soumis à l'action des créanciers héréditaires; sous le S.-C. Trébellien, il était *heredis loco* et tenu vis-à-vis des créanciers héréditaires dans la proportion de la part qu'il prenait dans l'actif; enfin, sous le S.-C. Pégasien, il était, quand ce S.-C. s'appliquait, *legatarii loco*, et par conséquent, comme dans le premier état du droit en notre matière, soustrait aux poursuites des créanciers du *de cujus*.

4ᵐᵉ Période. — Justinien fondit les deux sénatus-consultes Trébellien et Pégasien en un seul, sous le nom du premier. Lorsque le fidéicommis dépassait les trois quarts de l'hérédité ou de la portion héréditaire de l'héritier grevé, celui-ci pouvait encore, conformément à la disposition du S.-C. Pégasien, retenir le quart, à moins qu'il n'eut fait adition que sur l'ordre du Préteur (Inst. II. 23, § 7). Mais, en ce qui concerne la transmission des actions héréditaires, le S.-C. Trébellien s'appliquait dans toutes les hypothèses : que l'héritier recueillît sa part par la volonté du testateur lui-même, ou qu'il la retint en vertu du droit que lui conférait le S.-C. Pégasien ; que l'adition fut volontaire ou forcée, que la quarte fut ou non prélevée, la restitution avait lieu dans tous les cas *ex S.-C. Trebelliano*. Le fidéicommissaire qui l'avait reçue était *loco heredis*, et par conséquent, dans la proportion de sa part, soumis à toutes les actions héréditaires, en qualité d'actions utiles. L'héritier toujours tenu en vertu du droit civil, avait, pour repousser les demandes que les créanciers pouvaient intenter contre lui, *l'exceptio restitutæ hereditatis* (Inst. II. 23, § 7, et 8.)

Les règles que nous venons d'exposer étaient communes aux fidéicommis imposés par codicille à l'héritier *ab intestat* ou au *bonorum possessor*, et à ceux imposés à l'héritier testamentaire. Antonin le Pieux avait assimilé ces deux genres de fidéicommis, au moins quant à l'application du S.-C. Pégasien, et en ce qui touche la réduction du quart. (V. Fr. 18, pr. D. 35,2 et Fr. 6, § 1, D. 36, 1).

III. En résumé, à Rome, en cas de décès d'un débiteur, les seules personnes soumises au droit de poursuite des créanciers héréditaires étaient, les héritiers testamentaires ou *ab intestat* qui représentaient également la personne du défunt, les fidéicommissaires et les possesseurs de biens *qui heredum loco habentur* (Fr. 128, § 1. D. *de reg. jur.* 50, 17.) Les créanciers ne pouvaient agir ni contre les donataires, ni contre les légataires, alors même que ceux-ci prenaient une fraction du patrimoine, (Ex : légataire partiaire), excepté dans le cas où l'immeuble donné ou légué était grevé à leur profit d'un droit d'hypothèque. Voici comment est conçue la C. 7. C. de *hered. action.* 4, 16. « *Creditores hereditarios adversus legatarios non habere personalem actionem convenit : Quippe cum evidentissime lex duodecim tabularum heredes huic rei faciat obnoxios,* » la C. 15 , C. de don. 8, 54 est aussi explicite. — Ce principe s'appliquait encore, lorsque le legs avait pour objet une *universitas*, pour les dettes qui en faisaient partie. Ainsi, l'héritier seul pouvait être poursuivi pour les dettes qui grevaient la succession échue au défunt et par lui léguée à un tiers. C'est lui seul qui devait encore répondre, vis-à-vis des créanciers héréditaires, des dettes qui pouvaient grever le pécule que le *de cujus* avait légué. Ce dernier point n'avait pas été cependant admis sans controverse. Javolenus et toute l'école Sabinienne soutenaient, en effet, que, lorsque le pécule avait été légué, il passait des mains de l'héritier à celles du légataire et que l'héritier ne pouvait plus dès lors être poursuivi par les créanciers : « *Quùm heres jussus est peculium dare, acceptâ certâ summâ, non videtur penes heredem esse peculium.* » (Fr. 35, D. de pec. leg. 33, 8). D'après les Proculiens, au contraire, l'héritier était toujours censé garder le pécule, et pouvait, en conséquence, être poursuivi par les créanciers héréditaires. Voici comment s'exprime Ulpien. « *Et mihi verius videtur non dandam..... in eum, cui legatum sit peculium, de peculio actionem.* » (Fr. 1, § 7, D. quando de pec. 15, 2). — C'est cette dernière opinion qui avait fini par l'emporter, comme le prouve le Fr. 18, D. de pec. leg. 33, 8, dans lequel Marcien enseigne cette doctrine sans élever le moindre doute sur sa légitimité ; « *Si servo manumisso peculium legatum fuerit, in eum sine dubio creditoribus peculiariis actiones non competunt.* »

IV. Maintenant que nous savons contre quelles personnes les créanciers du *de cujus* pouvaient agir, il importe de déterminer dans quelle mesure leur droit de poursuite pouvait s'exercer contre chacune d'elles, dans le cas où plusieurs venaient en concours.

Soient, par exemple, plusieurs héritiers appelés à recueillir une même succession, pour quelle quotité chacun d'eux pouvait-il être poursuivi par les créanciers héréditaires ?

A. La loi n'aurait pas été illogique, en décrétant que les héritiers qui sont appelés éventuellement à recueillir la totalité de la succession, pourraient être actionnés chacun pour le tout, sauf le recours à exercer contre les autres ; (M. Massol, loc. cit. p. 14).

Mais, d'après une disposition qui remonte à la loi des XII tables, les dettes, quelle que fût leur cause, qu'elles résultassent d'une stipulation ou d'un testament, se divisaient entre tous les héritiers testamentaires ou *ab intestat*, de plein droit, par la seule force de la loi, sans qu'il fut besoin d'aucun partage, proportionnellement à la part héréditaire de chacun d'eux. (V. 5e tab. loi 4, restitution de Funccius ; et la loi 12, restitution de Godefroy. — Adde : Fr. 25, § 9, D. *fam. ercis.* 10, 2 ; 85, § 1, D. *de verb. obl.* 45, 1 ; C. 6, C. *fam. ercis.* 3, 36 ; 26, C. *de pact.* 2, 3 ; C. 1 et 2, C. *Si unus ex plur. hered. cred...* 8, 32).

Cette division s'appliquait à chaque dette ; chacune se fractionnait en autant de dettes complétement indépendantes l'une de l'autre qu'il y avait d'héritiers, de telle sorte que le créancier ne pouvait demander à chaque héritier que sa part et portion. Il aurait été constitué en demeure, s'il avait refusé cette part pour exiger un complet paiement, et tenu par la *condictio indebiti* de restituer ce qui lui aurait été payé au delà de cette part. (Fr. 25, D. 46, 3). — De la division des dettes entre tous les héritiers, résultaient également les quatre conséquences suivantes : 1° la demande formée contre un des héritiers n'interrompait la prescription que pour la part de cet héritier dans la dette ; 2° dans le cas d'inexécution de la part de l'un des héritiers, les dommages intérêts auxquels il pouvait être condamné ne pesaient que sur lui ; 3° si une clause pénale avait été jointe à l'obligation, et que l'un des héritiers contrevint à l'engagement pris par son auteur, la clause pénale n'était encourue que pour la part du délinquant, son refus d'exécuter ne pouvait nuire qu'à lui : *Si de eo cautum sit, quod divisionem recipiat, veluti amplius non agi : Tum eum heredem qui adversus ea fecit, pro portione suâ solum pœnam committere.* (Fr. 4, § 1, D. 45, 1) ; 4° Enfin, l'insolvabilité de l'un des héritiers retombait sur le créancier et non sur ses cohéritiers. Ceux-ci n'étaient tenus que pour leur part ; une fois cette part payée, ils ne pouvaient plus être recherchés par les créanciers, alors même qu'ils avaient encore en leur possession une partie des biens dépendant de la succession. Ce résultat était souverainement injuste. Sans doute, le créancier pouvait, lorsqu'il craignait l'insolvabilité de l'un des héritiers, exiger son paiement immédiatement après l'immixtion, ou, si l'obligation était conditionnelle ou à terme, exiger une caution (Fr. 31, D. 42, 5. Cujas, obs. L. 18, ch. 39); mais le créancier pouvait ignorer pendant un certain temps la mort de son débiteur, et, si nous supposons que sur deux héritiers l'un était insolvable, le créancier perdait la moitié de sa créance, alors cependant qu'aucune faute ne pouvait lui être reprochée et que les biens sur lesquels il avait compté en contractant avec son débiteur décédé, étaient encore en grande partie entre les mains de l'autre héritier. Le juge pouvait, quand les héritiers y consentaient, empêcher cette injustice de se produire, en mettant la dette entière dans le lot de l'un d'entre eux, de manière que le créancier n'eût qu'un seul débiteur à poursuivre ; mais, quand cette précaution n'avait pas été prise, la législation romaine n'offrait aucun remède aux créanciers, car, comme nous le démontrerons plus loin, la séparation des patrimoines ne faisait pas obstacle au principe de la division des dettes.

Notre règle ne s'appliquait évidemment qu'aux dettes divisibles, c'est-à-dire aux dettes dont l'objet était susceptible d'exécution partielle. Les obligations ayant pour objet des quantités, comme celles d'une somme d'argent ou d'une certaine quantité de blé, sont celles dont on comprend le mieux la division. L'obligation est cependant également divisible, lorsqu'elle a pour objet des individus déterminés, un corps certain ; seulement la division ne s'opère pas de la même manière, elle est purement intellectuelle : ce qui est divisé, c'est l'obligation à cet objet ; chaque héritier sera débiteur d'une fraction de l'objet dû.

Lorsque l'obligation avait pour objet des choses déterminées seulement quant à leur genre, c'est-à-dire des choses pour lesquelles l'individualité n'est pas prise en considération, et que le nombre de ces choses était l'égal ou le multiple du nombre des héritiers du débiteur, l'obligation se divisait, non plus *in partes singularum rerum*, mais bien *numero*, numéralement : « *In nummis et oleo, ac frumento, ac similibus, quæ communi specie continentur, apparet hoc actum, ut numero dividatur obligatio :*

quatenus et commodius promissori stipulatoribusque est. » (Ulpien Fr. 29. D, *de sol et lib.* 46. 3.) Si, par exemple, l'obligation avait pour objet 2, 4 ou 6 chevaux, et que le débiteur laissât 2, 4 ou 6 héritiers, chaque héritier était débiteur d'un objet ou du nombre multiple d'objets stipulés. (V. etiam Fr. 54 *de verb. obl.* 45. 4)

Pendant longtemps, les auteurs ont considéré comme indivisibles dans tous les cas les obligations de faire ou celles de ne pas faire, en se fondant sur le Fr. 72, D. 45. 1 ; mais l'inexactitude de cette proposition a été très-bien démontrée par Dumoulin (2ª pars, nº 367 et 3ª pars, nº 271). Sans doute, le plus souvent les obligations de cette nature seront indivisibles; mais il y a des faits ou des abstentions parfaitement divisibles et l'obligation se divisera entre les héritiers du promettant, toutes les fois que l'objet de l'obligation sera susceptible de division. Ainsi les obligations de creuser tant de mètres de fossé , de labourer tant d'arpents de terre, la promesse *d'amplius non agi* qui tendait à mettre fin au procès, étaient divisibles et se divisaient de plein droit entre tous les héritiers du promettant. La divisibilité des obligations de faire est d'ailleurs reconnue d'une façon non douteuse par le Fr. 4 § 1, D. 45. 1, dans lequel on distingue, à propos de la peine, le *factum individuum* du *factum quod divisionem recipit.*

La division avait pour base la part que chaque héritier recueillait dans la succession à titre d'héritier ; on ne tenait compte , ni des valeurs qu'il était appelé à prendre à titre de légataire, ni de celles qu'il devait remettre à des tiers (à un légataire partiaire, par ex.) Il restait toujours tenu vis-à-vis des créanciers héréditaires *pro portione hereditariâ.* (Fr. 85 § 1, D. 45, 1-35 § 1, D. *de Her. inst.* 28, 5 ; C. 1, C. *Si cert. pet.* 4, 2 et 2 C. *de hered act.* 4. 16.)

La détermination de cette part ne pouvait guère être embarassante, quand il s'agissait de la dévolution d'une succession *ab intestat;* et les difficultés qui pouvaient s'élever relativement aux successions testamentaires, aux droits des héritiers directs ou des appelés, trouvent un principe de solution, dans le titre *de Heredibus instituendis,,* aux Instituts (xiv. ii,) au Digeste, (28, 5,) et au Code (6, 24.)

La règle de la division des dettes entre les héritiers *pro portio-nibus hereditariis* s'appliquait aussi bien aux héritiers du droit prétorien, aux possesseurs de biens et aux fidéicommissaires, qu'aux héritiers du droit civil (Fr. 2 D. *de Bon poss.* 37, 1 et 117, D. 50, 17.)

Le débiteur pouvait-il, par son testament, modifier le droit de poursuite des créanciers héréditaires au préjudice de ces derniers, par exemple, en affranchir un de ses héritiers ou mettre la dette à la charge de l'un d'eux seulement? La négative est certaine. Mais le créancier pouvait se prévaloir de cette clause, pour poursuivre pour le tout l'héritier désigné dans le testament pour acquitter la dette.

Le débiteur aurait-il pu au moins, en traitant avec un de ses créanciers, restreindre le droit de poursuite de celui-ci à tel ou tel de ses héritiers présomptifs? Les jurisconsultes romains résolvaient la question par une distinction : lorsque l'obligation avait pour objet une dation , on ne pouvait pas en limiter les effets à un seul de ses héritiers, le grever seul de cette obligation, parce que la part de chacun des héritiers dans le passif d'une suc-cession ne peut être modifiée que par un testament (Fr. 50 § 1, D. 45, 1; Le Fr. 33, D. *de pactis* , 2. 14 , n'est pas en opposi-sition avec cette solution, car , comme l'a très-bien démontré M. Vernet (loc. cit. p. 211), ces deux textes visent des hypothè-ses tout à fait différentes). Au contraire, lorsque l'obligation consistait *in faciendo*, ou avait admis la validité de la clause dont nous nous occupons, à cause du caractère purement personnel de ces obligations (Fr. 137 § 8 D. 45. 1.) Sous Justinien, cette dis-tinction n'est plus possible, cet empereur ayant décidé (V. supp. 11) que toutes les obligations de faire seraient transmissibles aux héritiers et contre eux.

B. Cependant la règle de la division n'était pas absolue, et voici une série de cas dans lesquels elle souffrait échec, où un créancier héréditaire pouvait poursuivre pour le tout l'un des héritiers.

1° Le juge de l'action *familiæ erciscundæ* pouvait, afin de simplifier les opérations du partage, mettre la totalité d'une dette héréditaire à la charge de l'un des héritiers. Cette attribution n'avait pas pour effet de libérer les autres héritiers vis-à-vis du créancier, mais elle donnait à ce dernier la faculté de poursuivre pour le tout, *partim suo, partim procuratorio nomine*, l'héritier désigné dans le partage pour le paiement de la dette. (Fr. 3 D. *fam. ercis*, 10. 2.)

2° Si le créancier avait eu le soin de se faire constituer par son débiteur un droit de gage ou d'hypothèque, il avait, pour recouvrer ce qui lui était dû, une double action, une action personnelle et l'action hypothécaire. L'action personnelle tombait sous la règle de la division; par elle, le créancier ne pouvait demander à chaque héritier, qu'une part de la dette proportionnelle à sa part héréditaire; mais l'hypothèque étant indivisible, chaque fraction de l'immeuble hypothéqué garantissant le paiement de toute la dette (*hypotheca est tota in toto, et tota in qualibet parte*), le créancier pouvait demander la totalité de la dette au cohéritier dans le lot duquel avait été mis l'immeuble ou une fraction de l'immeuble hypothéqué. Le cohéritier actionné était obligé de payer la dette entière, si mieux il n'aimait recourir au délaissement, après avoir payé la fraction dont il était personnellement tenu. (Fr. 25 § 14, D. *fam ercis*, 10, 2; 8 § 2. D. *de pig. act.* 13, 7; C. 2, C. *de hered-act.* 4, 16; 6, C. *de dist. pign.* 8, 28; 2 C. *Si unus ex. pl.* 8, 32.)

3° Le juge chargé de l'examen d'une action de bonne foi avait des pouvoirs très-étendus; il statuait *ex aequo et bono*, en s'inspirant des données de l'équité, et il pouvait même ne pas tenir compte de la division des dettes entre tous les héritiers. C'est ce que prouve le Fr. 3, § 3, D. *com. vel com.* 13, 6, qui s'explique comme le fait remarquer Ulpien, par le caractère de bonne foi de l'action résultant du commodat et qui par conséquent doit s'appliquer par analogie à tous les contrats de bonne foi où il s'agit d'une restitution, au dépôt et au louage, par exemple. D'après ce texte, le commodant pouvait poursuivre pour le tout celui des héritiers entre les mains duquel se trouvait la chose prêtée, et le faire condamner à des dommages-intérêts si la non restitution n'avait dépendu que de lui.

4° La règle de la division des dettes entre les héritiers souffrait encore exception dans les diverses hypothèses où l'intention commune des parties avait été que le paiement ne pourrait être fractionné, bien que l'obligation eût pour objet une chose divisible. La dette était, dans ce cas indivisible *solutione tantum*. Le créancier ne pouvait demander à chacun des héritiers de son débiteur que sa part, mais celui-ci ne pouvait se libérer qu'en offrant le tout aux créanciers : « *pro parte peti potest, solvi autem nisi totum non potest.* » L'héritier poursuivi devait donc s'entendre avec ses cohéritiers pour faire droit à la demande du créancier (Fr. 85 § 4; Fr. 2 §§ 1 et 2 D. *de verb. obl.* 45, 1; 26 § 14 D. *de cond. indéb.* 12, 6; 34, § 1, D. *de sol et lib.* 46, 3.) Exemple : Primus meurt après avoir promis de donner un cheval *in genere* ou Stichus ou Pamphile à son choix, sous l'alternative ; s'il laissait plusieurs héritiers, ceux-ci devaient s'entendre pour payer avec le même cheval, ou, s'il s'agit de la dette alternative, pour faire le choix que leur auteur avait le droit de faire et payer ensemble avec la même chose; car si chaque héritier avait pû payer séparément sa part, il aurait pu en résulter que le créancier reçût, au lieu d'un cheval qui lui avait été promis, des parties indivises de chevaux, et au lieu de l'un des deux esclaves promis sous l'alternative, des parts de l'un et de l'autre.

Si l'héritier actionné n'exécutait pas, il n'était condamné à des dommages-intérêts que pour sa part; les autres ne devaient plus que la part de dette qui les concernait, et si cette part était payée, l'obligation se trouvait remplie. (Fr. 2, § 3, D. 45, 1.)

Si une clause pénale avait été jointe à l'obligation dans le but d'en empêcher l'exécution partielle, l'inexécution de la part de l'un des héritiers faisait encourir la peine à tous, même à ceux qui avaient déjà exécuté l'obligation, chacun *pro portione*. (Fr. 5, § 4, D, 45, 1.) Cette proposition sert à concilier l'antinomie apparente qui existe entre cette dernière loi et le Fr. 4, § 1, D. h. t. Le Fr. 4 § 1 vise l'hypothèse où une clause pénale a été jointe à l'obligation dans le but d'en assurer l'exécution et décide que l'héritier qui contrevient à l'obligation doit seul encourir la peine pour la part dont il est héritier ; le Fr. 5, § 4 a trait, au contraire, à l'hypothèse où la peine a été stipulée dans le but d'empêcher un paiement fractionné.

5° Enfin, la règle de la division ne s'appliquait pas non plus dans le cas où l'objet de l'obligation était indivisible, c'est-à-dire n'était pas susceptible de division intellectuelle ou matérielle : par exemple, le défunt s'était obligé envers un tiers à constituer en sa faveur une servitude sur son fonds; il avait promis d'accomplir un fait qui par sa nature ne peut être exécuté pour partie, par ex., de construire une maison, *insulam fabricari* (Fr. 72, D. 45. 1); ou encore il s'était obligé *per se non fieri quominus alteri ire agere liceat*. Dans tous ces cas, la nature du fait à accomplir s'opposant à une prestation partielle, on ne peut pas concevoir un paiement pour partie. Le créancier avait donc le droit de demander à l'un des héritiers l'exécution de l'obligation toute entière, sauf, comme nous le verrons dans le chapitre suivant, recours de l'héritier qui avait payé contre ses cohéritiers (Fr. 25, § 10, D. *fam. ercis*, 10, 2.)

Lorsque l'obligation était indivisible, l'action du créancier contre un seul des héritiers interrompait la prescription contre tous (Pothier, obl. n° 697); et le jugement qui était rendu sur cette poursuite valait pour tous, soit qu'il leur nuisît, soit qu'il leur procurât *l'exceptio rei judicatæ*. (Fr. 4, § 3, et Fr. 19, D. *si serv. vind.* 8, 5.) Si toutefois le cohéritier qui avait figuré dans l'instance avait collusé avec le créancier, il était soumis à *l'actio doli* de la part de ses cohéritiers.

L'héritier poursuivi n'exécutant pas l'obligation, dans quelle limite la condamnation aux dommages-intérêts s'étendait-elle? L'héritier contrevenant était-il condamné seulement pour sa part et portion, ou pour le tout? Il résulte des textes que sa condamnation avait pour objet une somme d'argent égale à l'évaluation de la totalité de la chose due, et la raison de cette solution est bien simple : l'intérêt est la mesure des actions ; or, dans notre hypothèse, l'exécution aurait procuré au créancier la totalité de l'objet dû, puisque cet objet était indivisible et ne pouvait pas par conséquent être presté pour partie : la condamnation devait donc être d'une somme d'argent représentant la valeur totale de l'objet, être égale à l'intérêt du créancier. Mais, le créancier ne

3

pouvait demander le tout qu'à l'héritier contrevenant; contre les autres, il ne pouvait agir que *pro parte*, l'obligation aux dommages étant parfaitement divisible. (Fr. 2, 3, 4, D. *de verb. obl.* 45, 1 et Fr. 25, §§ 10, 12. D. *fam. ercis* 10, 2). Cependant cette opinion n'était pas unanimement acceptée; Ulpien nous dit, en effet, dans le Fr. 72, D. 45, 1, que les jurisconsultes Celse et Tubéron décidaient que la condamnation aux dommages-intérêts devait se diviser, parce qu'une somme d'argent est parfaitement divisible.

Si nous supposons maintenant qu'une clause pénale avait été jointe à une obligation indivisible pour en assurer l'exécution, et que le débiteur mourait laissant plusieurs héritiers, il convient de se demander quelle était la conséquence du refus d'exécution de la part de l'héritier poursuivi; la peine était encourue, mais l'était-elle pour le tout ou seulement pour la part du contrevenant? La solution était la même que pour les dommages-intérêts, la peine était encourue par tous, du moment que l'un des héritiers avait refusé d'exécuter, car, pour le créancier, ce refus produisait le même résultat que s'il émanait de tous les héritiers; mais, si la *pœna* avait pour objet une somme d'argent, la condamnation se divisait entre tous les non-contrevenants au *prorata* de leur part héréditaire, sauf toujours leur recours contre celui d'entre eux dont le refus d'exécuter avait donné lieu à la peine. (Fr. 4, § 1; 85, § 3, D. 45, 1).

V. — *Appendice.* — Quelle était la position des créanciers héréditaires lorsque le débiteur ne laissait après lui ni héritier du droit civil, ni héritier du droit prétorien?

A. Gaius nous fait connaître, dans son Com. III, comment les choses se passaient dans le Droit romain classique. — Les créanciers pouvaient se faire envoyer par le Préteur en possession des biens de leur débiteur, à l'effet d'en poursuivre la vente (Théoph. paraph. ad tit. 12, livr. III, Inst.). Cet envoi en possession ne leur était accordé que *cognitâ causâ* (Fr. 18, D. *si serv. vind.* 8, 5; Fr. 31, D. *de reb. auct. jud.* 42, 5); et il constituait à leur profit un droit de gage d'une nature toute particulière désigné dans les textes sous le nom de *pignus pretorium*. (Fr. 1,

D. 42, 4 et 26, D. 13, 7). Au moment même de la *missio in possessionem*, on nommait un ou plusieurs curateurs pour administrer les biens de la succession et particulièrement pour exercer les actions qui pouvaient appartenir au débiteur. Cette désignation était faite par la majorité des créanciers et confirmée par le magistrat. (Fr. 14, pr. et Fr. 15, pr. D. *de reb. auct. jud.* 42, 5 et le titre 7, livre 42, *de cur. bonis dando*).

Quinze jours au moins après leur envoi en possession (G. III, § 79), les créanciers poursuivants se réunissaient de nouveau, avec l'autorisation du Préteur, et choisissaient parmi eux un *magister bonorum vendendorum* qui était chargé de prendre toutes les mesures nécessaires pour arriver à la réalisation du gage commun (Gaius, loc. cit.).

Celui-ci faisait tout d'abord apposer des affiches (*proscriptiones*), afin d'avertir les créanciers qui ne s'étaient pas encore présentés et surtout d'appeler les acheteurs; il faisait publier encore un cahier de charges, la *lex bonorum vendendorum* qui fixait le dividende *minimum* que l'acquéreur aurait à payer à chaque créancier, et enfin, le jour fixé, le patrimoine du débiteur était adjugé en bloc à celui qui offrait aux créanciers le dividende le plus élevé. Dans le cas où plusieurs personnes faisaient des offres égales, Gaius nous indique comment devait se déterminer la préférence (Fr. 16, D. 42, 5).

Le bonorum emptor n'était, comme le *bonorum possessor*, qu'un successeur prétorien; aussi les actions dont le défunt était tenu n'étaient données contre lui que comme actions utiles (G. III, §§ 80 et 81). Il avait sans doute une exception (*prascriptio*) pour faire restreindre les condamnations au dividende qu'il s'était engagé à payer.

B. Sous Justinien, la *bonorum venditio* n'avait plus lieu (Inst. III, XII, pr.); elle avait été remplacée par la *bonorum distractio*, déjà employée du temps des jurisconsultes, lorsque le débiteur était une personne illustre, *clara persona senatoris vel uxoris ejus*, afin de lui éviter l'infamie qui était attachée à la vente en masse (Fr. 5 et 9, D. *de cur. fur.* 27, 10). — Comme dans la période précédente, l'envoi en possession était prononcé au profit de la

masse entière des créanciers héréditaires, de telle sorte que ceux
qui n'avaient pas pris part aux poursuites n'étaient pas déchus
de tout droit : d'après la C. 10, pr. C. de bon. auth. jud. pos ,
7, 72 qui tranche les difficultés qui s'étaient élevées dans l'ancien
droit, ils avaient pour se présenter 2 ans , s'ils demeuraient *in
und eademque provinciá in quá et possessores rerum commorantur*,
et 4 ans, s'ils demeuraient dans une autre province ; d'un autre
côté, l'envoi en possession leur conférait un véritable droit de
gage avec droit de suite, sans doute au moyen de l'action quasi-
servienne (Fr. 3, § 23, D. *de adq. vel. amit. pos* 41, 2 et Fr. 12,
D. *quib. ex causis in pos.*, 42, 4.) Mais, au lieu d'être vendus en
bloc, par la voie des enchères publiques et sur les poursuites
d'un *magister*, les biens héréditaires étaient vendus en détail, à
l'amiable et par les soins du curateur qui était nommé au moment de l'envoi en possession (Fr. 5 et 9, D. 27, 10).

Telles étaient, à Rome, les règles du droit de poursuite des
créanciers héréditaires ; nous allons indiquer, dans le chapitre
suivant, les principes d'après lesquels se réglaient les rapports
des divers successeurs entre eux.

CHAPITRE TROISIÈME.

DE LA CONTRIBUTION AUX DETTES.

Etudier la contribution aux dettes, c'est rechercher quels sont
ceux qui doivent en définitive les supporter.

Un principe dominait toute la matière : les dettes qu'une
personne contracte grèvent son patrimoine et non les divers objets qui le composent. Donc tous ceux qui recueillent une fraction quelconque du patrimoine doivent contribuer au paiement
des dettes, et, d'autre part, ceux qui recueillent un objet particulier sont affranchis de toute contribution.

Ce principe conduisait aux applications suivantes :

I. Les légataires, donataires ou fidéicommissaires à titre particulier ne devaient pas contribuer. En conséquence, lorsque la chose donnée ou léguée était grevée d'hypothèque, ils pouvaient exiger, à la seule condition de prouver que le testateur avait eu connaissance de l'existence de ce droit, que l'héritier *lueret rem*, fît disparaître l'hypothèque en payant le créancier (Inst, ii, 20, § 5, Fr. 21, D. *de prob. et præs.* 22, 3). Et, dans le cas, où par suite de l'ignorance du testateur ou par un effet de sa volonté, ces successeurs particuliers ne pouvaient exiger le dégrévement de la chose, ils n'étaient tenus que comme tiers-détenteurs de l'immeuble hypothéqué; c'était l'héritier qui devait supporter en définitive le fardeau de la dette; eux, n'étaient obligés que de faire une avance, et, pour en assurer le recouvrement, ils pouvaient exiger du créancier, en le désintéressant, que celui-ci leur cédât ses actions, les subrogeât dans ses droits. (Fr. 57, § 1, in f. de leg. 1°). Bien plus, s'ils oubliaient de demander cette cession des droits et actions du créancier, ils pouvaient l'obtenir après coup, par l'intermédiaire du Président de la province, par suite d'une espèce de subrogation légale.

Une exception avait été admise à la règle que nous avons posée, à savoir que tout successeur à titre particulier ne doit pas contribuer : elle avait trait au légataire du pécule, ou pour être plus exact, au légataire d'une *universitas*. Nous avons vu, dans le chapitre précédent, que ces légataires ne pouvaient être poursuivis par les créanciers héréditaires, mais cependant c'étaient eux qui devaient, en définitive, supporter les dettes qui pouvaient grever le pécule ou l'*universitas* léguée, *nam bona non sunt nisi deducto ære alieno*. En conséquence, ces légataires ne pouvaient réclamer le legs qui leur avait été laissé qu'à la condition de donner à l'héritier caution de venir prendre sa défense, s'il était inquiété par les créanciers héréditaires (Fr. 1, § 7, D. *quando de pec. act.* 15, 2) et de l'indemniser de tout ce qu'il aurait été obligé de payer pour eux. Notamment, en ce qui touche le legs du pécule, le légataire ne pouvait revendiquer les choses corporelles qui le composaient, que déduction faite des dettes de l'esclave vis-à-vis de son maître ou de l'héritier (Fr. 6, pr. et §§ 4 et 5. D. *de pec. leg.* 33, 8).

II. Tous ceux qui prenaient une fraction du patrimoine devaient supporter dans les dettes une fraction proportionnelle à la part d'actif par eux recueillie. Or, nous avons constaté, d'une part, que les héritiers ou ceux assimilés aux héritiers par le droit prétorien pouvaient seuls être poursuivis par les créanciers; d'autre part, que le droit de poursuite contre les héritiers qui avait ordinairement pour mesure la part héréditaire de chacun d'eux, pouvait quelquefois être de la totalité de la dette. De là, il résultait nécessairement : 1° Que l'héritier qui avait payé au delà de sa portion héréditaire pouvait recourir contre ses cohéritiers, pour tout ce qui dépassait cette portion; 2° Que les héritiers pouvaient forcer à venir à contribution certains successeurs qui n'étaient pas soumis au droit de poursuite des créanciers.

Examinons ces deux hypothèses :

A. Quand, par une des causes indiquées plus haut, un héritier avait été poursuivi pour le tout et obligé de payer la totalité d'une dette de la succession, il pouvait recourir contre ses cohéritiers pour obliger chacun d'eux à contribuer au paiement proportionnellement à la part par lui recueillie dans l'actif, à moins qu'il n'eût été chargé par le *judex familiæ erciscundæ* d'acquitter toute la dette (Fr. 3. D. *fam. ercis.* 10, 2). — Mais comment s'exerçait ce recours? Une distinction est nécessaire à cet égard : Lorsque le partage n'avait pas encore eu lieu, le recours s'exerçait par l'action *familiæ erciscundæ*; le juge, en procédant au partage des valeurs dépendant de la succession, condamnait les héritiers à indemniser le *solvens* de leurs parts et portions dans la dette (Fr. 2, § 2, D. 45, 4; C. 3, C. 2, 19; C. 18, § 1, C. *fam. ercisc.* 3, 36). — Si le paiement n'avait lieu qu'après le partage, le *solvens* avait pour recouvrer ce qui lui était dû l'action *negotiorum gestorum contraria*, car, en payant, il avait fait l'affaire de ses cohéritiers; le plus souvent, il avait même une *conditio ex stipulatu*, parce que le juge du partage avait le soin, lorsqu'une dette rentrant dans la catégorie de celles qui pouvaient donner naissance à une action pour le tout contre chaque héritier existait contre le défunt, d'obliger les héritiers à se donner réciproquement caution d'indemniser celui d'entre eux qui serait actionné par le créancier et obligé de payer la totalité de la dette (Fr. 25, § 10, D. 10, 2 et C. 3, C. 2, 19).

Le cohéritier poursuivi pour le tout, par suite de l'indivisibilité de l'obligation ou de l'hypothèque, pouvait-il exiger du créancier la cession de ses actions? Aucun texte ne le dit, mais nous pensons que la question devait être résolue affirmativement. En effet, quelle est la base du bénéfice *cedendarum actionum?* C'est l'équité; or, elle milite aussi bien en faveur du cohéritier, que de tout tiers possesseur. Il est probable du reste, que cette cession d'actions ne pouvait modifier l'étendue du recours que le *solvens* pouvait exercer contre ses cohéritiers. En d'autres termes, il ne pouvait, au moyen des actions du créancier désintéressé, demander à chacun de ces derniers que leur part contributoire dans la dette : c'est là une conséquence naturelle et logique de l'obligation de garantie qui pèse sur tous ceux qui viennent à une même succession.

B. — 1° Au premier rang des successeurs qui devaient contribuer avec les héritiers au paiement des dettes héréditaires, nous trouvons le légataire partiaire, qui était appelé à partager la succession avec l'héritier (Ulp. reg. XXIV, § 25).

Malgré la présence de ce successeur à titre universel, l'héritier institué restait seul héritier. Tous les jurisconsultes romains s'accordaient, en effet, à ne voir dans ce légataire qu'un simple créancier ayant une action personnelle contre l'héritier. La controverse ne portait que sur le point de savoir quel était l'objet de cette action. D'après les Sabiniens, le légataire n'avait droit qu'à la moitié de l'estimation, tandis que, d'après les Proculiens, il pouvait exiger la moitié en propriété des objets composant l'hérédité; Pomponius lui laissait le choix entre ces deux partis, et la faculté de s'arrêter à celui qu'il jugerait le plus avantageux pour lui (Fr. 26, § 2, D. de leg. 1°).

L'héritier, conservant sa qualité, restait seul soumis au droit de poursuite des créanciers héréditaires; mais il pouvait ensuite amener le légataire à contribution : puisque celui-ci prenait la moitié des biens, il devait supporter la moitié des dettes , *nam bona non sunt....* Aussi l'héritier avait-il le soin , avant de délivrer au légataire la moitié de la succession qui lui revenait, de stipuler de lui qu'il lui rembourserait la moitié des dettes qu'il serait obligé de payer (G. ii , 154); cette stipulation était dite *pro parte :* lorsque le légataire était solvable , elle assurait le paiement de l'héritier, mais, en cas d'insolvabilité, tout le fardeau des dettes pesait exclusivement sur ce dernier.

Sous Justinien, le legs partiaire n'existait plus, il se confondait avec le fidéicommis à titre universel ; aussi les Institutes n'en font-ils pas mention.

2° Les règles de la contribution s'appliquaient encore entre le vendeur et l'acheteur de l'hérédité. — L'héritier pouvait vendre la succession qui lui était dévolue ; mais, sauf le cas où il avait cédé *in jure,* avant toute adition, l'hérédité *ab intestat* à laquelle il était appelé, il restait, malgré la vente, soumis au droit de poursuite des créanciers, car il conservait sa qualité : *semel heres semper heres.*

Les dettes cependant devaient être en définitive supportées par l'acheteur , puisqu'il avait pris tout l'actif héréditaire. L'héritier avait, pour obtenir son remboursement, l'action *venditi* ou même la *condictio ex stipulatu,* quand il s'était fait promettre par son acheteur que celui-ci l'indemniserait de tout ce qu'il serait obligé de payer.

3° Enfin, il y avait lieu à contribution dans les rapports du fiduciaire et du fidéicommissaire auquel l'hérédité avait été restituée en tout ou en partie, au moins sous l'empire des anciens principes et dans la période du S. C. Pégasien. En effet, dans l'ancien droit, le fidéicommissaire était *emptoris loco :* l'héritier était donc seul soumis à l'action des créanciers , sauf son recours contre le fidéicommissaire. Ce recours s'exerçait, comme dans le cas de vente de l'hérédité, par l'action *ex empto* ou par l'action *ex stipulatu,* quand au moment de la restitution le fiduciaire avait stipulé qu'on l'indemniserait des dettes qu'il paierait. Sous la 3° période, quand la restitution se faisait *ex S. C. Pegasiano,* le fidéicommissaire était *legatarii loco,* il était assimilé à un légataire partiaire ; les créanciers n'avaient en conséquence aucune action contre lui ; mais le fiduciaire l'amenait à contribution par l'action dérivant des stipulations *partis et pro parte* qui accompagnaient ordinairement la restitution.

Dans la 2e période, celle du S.-C. Trébellien et sous Justinien, le fidéicommissaire étant *heredis loco* et soumis à l'action des créanciers héréditaires, il ne pouvait plus être question de contribution que dans les diverses hypothèses où, à raison du caractère de la dette, le créancier pouvait agir pour le tout contre l'un des successeurs de son débiteur.

CHAPITRE IV.

DES BÉNÉFICES ACCORDÉS, SOIT AUX CRÉANCIERS HÉRÉDITAIRES, SOIT AUX HÉRITIERS.

Les deux chapitres qui précèdent contiennent l'exposé des règles du Droit romain sur le paiement des dettes héréditaires. Il nous reste à signaler les inconvénients que ces règles pouvaient avoir, tant pour les créanciers héréditaires que pour les héritiers, et à étudier les moyens que ces personnes avaient à leur disposition pour conjurer le danger qui les menaçait.

§ I. — *Bénéfice accordé aux créanciers.*

L'héritier étant le continuateur de la personne du défunt, il s'opérait une confusion complète entre les patrimoines du *de cujus* et de son héritier acceptant. Il n'y avait plus qu'une seule masse de biens, sur laquelle devaient venir en concours et les créanciers personnels de l'héritier et les créan-

— 42 —

ciers héréditaires. Or, cet état de choses pouvait, selon les circonstances, être avantageux ou préjudiciable à ces derniers. Il leur était assurément avantageux dans le cas où l'héritier avait un actif supérieur à son passif : leur gage se trouvait en effet augmenté par l'effet de la succession. Mais, quand l'héritier était obéré, ils étaient, par suite de ce concours, exposés à perdre une partie plus ou moins considérable de leur créance contre le défunt, alors cependant que les biens de leur débiteur étaient plus que suffisants pour les désintéresser entièrement.

Le droit civil ne leur offrait aucun moyen pour éviter cette perte ; mais le Préteur, dont la mission était de compléter et de corriger ce droit, avait pris leur position en considération, et il était venu à leur secours en leur permettant de requérir la séparation des patrimoines, c'est-à-dire, de demander que les biens de la succession ne se confondissent pas avec ceux de l'héritier et restassent dès-lors, après le décès de leur débiteur, ce qu'ils étaient avant, le gage propre et exclusif de leurs créances : « *fieri enim potest*, dit Ulpien (Fr. 1, § 1, D. de separat. 42, 6), *ut Seius quidem solvendo fuerit potueritque satis creditoribus suis, vel ita semel et si non in assem, in aliquid tamen satisfacere : admissis autem commixtisque creditoribus Titii, minus sint consecuturi, quia ille non est solvendo, aut minus consequantur, quia plures sint : hic est igitur æquissimum, creditores Seii desiderantes separationem audiri : impetrareque à Prætore, ut separatim quantum cujusque creditoribus præstetur.* »

Le droit accordé aux créanciers héréditaires repose sur un principe incontestable en droit et en équité : les biens d'un débiteur ne peuvent passer à ses héritiers qu'à la charge des dettes de sa succession : *bona non intelliguntur nisi deducto ære alieno.* Or, les créanciers de ces représentants ne peuvent avoir plus de droit que ceux-ci ; avant donc que les biens de la succession puissent être employés au paiement de leurs créances, il est de toute justice que celles des créanciers du défunt soient éteintes (Fr. 1, § 1 in f, D. 42, 6).

L'acceptation d'une hérédité onéreuse pouvait causer aussi un grand préjudice aux créanciers de l'héritier dont le gage se

trouvait amoindri ; cependant, la loi romaine ne leur avait pas
accordé la faculté de demander la séparation des patrimoines,
car, nous dit Ulpien, *licet alicui adjiciendo sibi creditorem, credito-
ris sui facere deteriorem conditionem* (Fr. 1, § 2, D. 42, 6); seulement, quand l'acceptation avait été faite en fraude de leurs
droits, ils pouvaient, en prouvant le *consilium fraudis* chez leur
débiteur et l'*eventus damni* pour eux, la faire tomber au moyen
de l'action paulienne. Il était en effet de principe que tous les
actes faits par un débiteur en fraude de ses créanciers pouvaient
être rescindés, lorsqu'ils altéraient ou diminuaient son patrimoine; le fr. 3, D. quæ in fr. cred., 42, 8, ne laisse aucun doute
à cet égard : « *Sive se obligavit fraudandorum creditorum causâ,
sive numeravit pecuniam, vel quodcunque aliud fecit in fraudem
creditorum, palàm est edictum locum habere.* « (Adde fr. 6, §§ 1, 5,
D. 42, 8.) Or, accepter une succession onéreuse, c'était bien,
ce nous semble, diminuer son patrimoine. C'est sans doute ce
qu'a voulu exprimer Ulpien, dans le fr. 1, § 5, D. 42, 6, ainsi
conçu : « *Quæsitum est an etiam interdum heredis creditores pos-
sunt separationem impetrare, si forte ille in fraudem ipsorum
adierit hereditatem ? sed nullum remedium est proditum : sibi enim
imputent qui cum tali contraxerunt : nisi si extra ordinem puta-
mus, Prætorem adversus calliditatem ejus subvenire, qui talem fraudem commentus est ; quod non facile admissum est.* » Ainsi, pour
nous, la 1re phrase n'a pas la portée générale qu'elle semble avoir
au premier abord : elle signifie seulement que les créanciers
personnels de l'héritier ne peuvent pas demander la séparation
des patrimoines; dans la 2e, le jurisconsulte a en vue l'action
paulienne, et, à la fin, il fait remarquer la difficulté qu'il y a pour
les créanciers d'établir les conditions sans lesquelles cette action
ne peut réussir. — Une exception avait été apportée au principe que nous avons posé : la séparation des patrimoines pouvait être demandée à l'encontre des créanciers héréditaires par
les créanciers personnels de l'héritier fiduciaire qui n'avait fait
adition que sur l'ordre du Préteur et qui ne trouvait ensuite personne entre les mains de qui il pût opérer la restitution (Fr. 1,
§ 6, D. 42, 6).

A. Tous les créanciers héréditaires, quels qu'ils fussent, purs et simples, à terme ou conditionnels, pouvaient demander la séparation des patrimoines, car il n'y avait là qu'une simple mesure conservatoire (Fr. 4, pr. D, 42, 6. — Fr. 6, D. *quib. ex causis in pos.* 42, 4); seulement, comme le fait remarquer Cujas en expliquant le Fr. 14, D. 42, 4, l'envoi en possession au profit d'un créancier conditionnel ne produisait pas les mêmes effets que pour le créancier pur et simple : dans ce dernier cas, il conduisait directement à la *bonorum venditio*, tandis que dans le premier cas, il était *sine effectu*.

La séparation des patrimoines pouvait même être demandée par les créanciers ayant un gage ou une hypothèque, car cette garantie pouvait être insuffisante, et par les créanciers du défunt qui n'avaient jamais eu d'action contre lui, par ex., par le fidéjusseur *qui post mortem debitoris solvit*, et par le créancier qui a stipulé pour le jour de la mort du promettant, car, comme le disent les textes, c'étaient là des créanciers héréditaires (Fr. 7, D. 42, 5).

Le créancier du défunt héritier de son débiteur pouvait également demander la séparation des patrimoines à l'encontre des créanciers personnels de ses cohéritiers, pour la portion de sa créance qui ne s'était pas éteinte par confusion et qui était demeurée à leur charge (C. 7. C. *de bon. auth. jud.* 7. 72).

Dans le cas où la succession était dévolue par substitution pupillaire, le droit de demander la séparation n'appartenait pas à tous les créanciers indistinctement. Les créanciers du père pouvaient la demander, tant à l'égard des créanciers de l'impubère, qu'à l'égard des créanciers du substitué, tandis que ceux de l'institué ne pouvaient la demander que contre les créanciers du substitué, et non contre ceux du père. La raison de cette décision est bien simple : le fils jouait un double rôle, celui d'héritier vis-à-vis du père, celui de *de cujus* vis-à-vis du substitué ; ses créanciers personnels étaient donc, créanciers héréditaires vis-à-vis des créanciers du substitué et créanciers de l'héritier vis-à-vis de ceux du père, et nous avons vu que les créanciers de l'héritier ne pouvaient pas demander la séparation à l'encontre des créanciers héréditaires (Fr. 1 §. 7 D. 42. 6.)

Le droit de demander la séparation avait été aussi accordé aux légataires (Fr. 6 pr. D. 42. 6 et Fr. 40 D. *de obl. et act.* 44. 7).

B. La séparation des patrimoines pouvait être demandée contre les créanciers de tout héritier, quelle que fût la qualité de ce dernier, et quelque favorable que fût sa position. (Fr. 3 D. 42, 6).

C. Le droit de demander la séparation comportait certaines restrictions :

1° Les créanciers (et les légataires) en étaient déchus lorsqu'ils avaient gardé le silence pendant cinq ans, à compter du jour de l'adition, quand il s'agissait d'un *heres extraneus*, et probablement à compter du jour du décès, quand il s'agissait d'un héritier nécessaire ou d'un héritier ab *intestato* qui acquéraient l'hérédité, *sive velint, sive nolint*, et cela *post mortem testatoris, protinus* (Fr. 1, § 13, D. 42, 6). Ce silence prolongé impliquait chez eux l'intention de suivre la foi de l'héritier et de l'accepter pour débiteur.

2° Même avant l'expiration de ce délai, les créanciers (et les légataires) ne pouvaient plus demander la *separatio bonorum* lorsqu'ils avaient accepté l'héritier pour débiteur (Fr. 1, § 10, D. 42, 6). Cette déchéance était basée sur la nature même des choses : en effet, celui qui demande la séparation des patrimoines prétend ne pas être confondu avec les créanciers de l'héritier; mais, si lui-même vient se placer au milieu d'eux, sa demande manque de base et doit être nécessairement repoussée. La question de savoir dans quel cas on pouvait dire qu'un créancier avait accepté l'héritier pour débiteur était et ne pouvait être qu'une question de fait, dont la solution devait varier suivant les espèces. Ainsi, aucun doute ne pouvait s'élever dans le cas où un créancier avait stipulé de l'héritier *animo novandi;* la succession était libérée, et le créancier avait perdu à jamais le droit de demander la séparation (Fr. 1, § 10, D. 42, 6); mais une novation n'était pas nécessaire pour entraîner cette déchéance : elle était encourue par tout acte impliquant de la part d'un créancier l'intention de suivre la foi de l'héritier, de l'accepter pour débiteur. (Voyez des exemples, Fr. 1,

§ 10 *in f.*, §§ 11 et 15, D. 42, 6 ; Fr. 7 , D. h. t , et C. 2 , C. 7, 72).

3° Bien que les créanciers n'eussent pas compromis leur droit et qu'ils fussent encore dans le délai fixé , la *separatio bonorum* n'était plus possible , d'une manière absolue , lorsque tous les biens de la succession s'étaient confondus avec ceux de l'héritier, de telle sorte qu'on ne pouvait les distinguer. La séparation des patrimoines tendait en effet, comme son nom l'indique, à faire séparer les biens du défunt de ceux de son héritier ; mais cette séparation n'était plus possible du moment que ces deux catégories de biens étaient confondues au point de n'être plus reconnaissables : *confusis enim bonis et unitis , separatio impetrari non poterit* (Fr. 1, § 12, D. 42, 6). Remarquons seulement qu'une confusion produisant de tels effets n'était guère possible que pour les meubles non déterminés dans leur individualité ; aussi, le plus souvent, la confusion n'était que partielle ; elle ne se produisait que relativement à quelques objets de la succession, et la séparation pouvait toujours être demandée pour les autres (Fr. 1, § 12 *in f.* D. 42, 6).

4° Enfin , comme dans le cas de confusion complète , le droit de demander la séparation des patrimoines était perdu d'une manière absolue, lorsque l'héritier qui , jusqu'à la demande des créanciers héréditaires , restait, à l'égard des tiers, le véritable représentant du défunt, avait vendu de bonne foi l'hérédité et en avait touché le prix. C'est ce que nous dit Ulpien dans le Fr. 2 D. 42, 6 : « *Ab herede vendita hereditate, separatio frustra desiderabitur. Nam quæ bonâ fide medio tempore per heredem gesta sunt , rata conservari solent.* »

Lorsque , au lieu de vendre l'hérédité, l'héritier n'avait aliéné que quelques biens en dépendant, le droit de demander la séparation n'était perdu que relativement à ces biens. Mais il faut bien remarquer encore que cette déchéance n'était encourue qu'autant qu'il y avait eu aliénation ; la constitution d'un droit de gage ou d'hypothèque ne produisait pas le même résultat : les créanciers héréditaires pouvaient , sans tenir aucun compte du droit concédé par l'héritier, demander la séparation des objets engagés ; c'était une application de la règle *lex arctiùs prohibet quod facilius fieri putat* (Fr. 1, § 3 D. 42 , 6).

Si le prix de l'hérédité ou des objets aliénés par l'héritier était encore dû, le droit de séparation se reportait de la chose sur le prix, par application de la règle : *In judiciis universalibus pretium succedit in locum rei, et res in locum pretii* (Voët, *in pand.*, tit. *de sep.*, n° 4).

D. — Quelle était la marche à suivre par les créanciers héréditaires pour obtenir la *Bonorum separatio*? Les textes faisant complètement défaut sur ce point, on en est réduit aux conjectures. Voici quelles étaient les formes de procéder qui nous paraissent le plus probablement avoir été suivies.

1re hypothèse. Les créanciers personnels de l'héritier exerçaient des poursuites en expropriation contre leur débiteur, avant toute demande en séparation. Dans ce cas, les créanciers héréditaires devaient, de leur côté, aller trouver le Préteur ou le Président de la province (Fr. 1, pr. et § 14 D. 42, 6), avant que celui-ci n'eût rendu son décret d'envoi en possession; ils lui exposaient qu'ils étaient les créanciers de *Seius*, et *bona Seii sufficere sibi, creditores Titii contentos esse debere bonis Titii*. Le Préteur tenant compte de leur qualité et de leur demande, séparait en deux et la masse des créanciers et la masse des biens et envoyait chaque classe de créanciers en possession des biens de son débiteur primitif; (Fr. 1, § 1, D. 42, 6,)chaque classe de créanciers avait donc sa *communis cautio* (Fr. 4. D. h. t.); mais nous ne savons pas si elle avait aussi un *magister* et un curateur spéciaux, si on faisait des affiches séparées, un double cahier des charges et si chaque masse était adjugée séparément.

Les créanciers héréditaires n'étaient pas forclos par cela seul que les créanciers de l'héritier avaient obtenu leur envoi en possession. Cet envoi, en effet, était collectif, il s'étendait à tous les biens, quelle que fût leur origine et à tous les créanciers : les créanciers héréditaires se trouvaient ainsi envoyés en possession des biens de leur débiteur. Ils n'avaient donc qu'à aller trouver le Préteur, afin de faire séparer les deux masses et restreindre aux biens de leur débiteur, l'envoi en possession des créanciers personnels de l'héritier. Bien plus, la demande en séparation était encore possible, croyons-nous, même après l'apposition des affiches et la publication du cahier des charges, puisque l'aliénation des biens de la succession seulement pouvait emporter déchéance du bénéfice de séparation.

Lorsque la *bonorum venditio* eut été remplacée par la *bonorum distractio*, les créanciers héréditaires purent demander la séparation pendant tout le temps que durait la *pignoris capio* (2 ou 4 ans). Passé ce délai, les biens étaient vendus individuellement et à l'amiable et le prix était distribué par le juge entre tous les ayants droit.

2ᵐᵉ hypothèse. — Tous les textes du digeste supposent que les créanciers héréditaires demandent la *separatio bonorum* sur les poursuites en expropriation dirigées contre l'héritier par ses créanciers personnels. Mais on ne peut pas admettre que cette condition fut indispensable, car autrement le droit des créanciers héréditaires aurait été purement illusoire, puisque les créanciers personnels de l'héritier qui avaient intérêt à ce que la séparation ne fut pas demandée, n'auraient eu, pour l'empêcher, qu'à se tenir tranquilles pendant cinq ans. Ces textes se réfèrent seulement au cas qui se produisait le plus fréquemment dans la pratique et voici la marche qui était probablement suivie, quand les créanciers personnels de l'héritier restaient dans l'inaction. Les créanciers héréditaires pouvant, sans que cela leur fit perdre le droit de demander la séparation des Patrimoines, poursuivre l'héritier (Fr. 7, D. 42, 6), appelaient ce dernier devant le Préteur. Si l'héritier refusait *suscipere actionem*, ils obtenaient l'envoi en possession et formaient en même temps leur demande en séparation. Si l'héritier comparaissait, il était condamné à désintéresser complètement tous les créanciers et ceux-ci pouvaient ensuite se faire envoyer en possession par le Préteur, si l'héritier n'exécutait pas la condamnation dans le délai fixé.

E. La séparation des Patrimoines, accordée par le Préteur produisait deux effets principaux :

1° Elle établissait une ligne de démarcation profonde entre les créanciers personnels de l'héritier d'une part, et les créanciers héréditaires et les légataires, d'autre part. Les créanciers personnels de l'héritier, quelques favorables qu'ils fussent, (Fr. 1, § 4, D. 42, 6,) même ceux qui *medio tempore*, c'est-à-dire avant la demande en séparation, avaient obtenu un gage ou une hypothèque, ne pouvaient élever aucune prétention sur les biens de la succession. Cette masse de biens formait le gage exclusif des créanciers héréditaires et des légataires et les rapports entre ces ayants droit étaient réglés par le principe *nemo liberalis nisi liberatus* : les légataires ne pouvaient exiger quelque chose qu'autant que tous les créanciers étaient désintéressés (Fr. 4, § 1 - Fr. 6, pr. D. 42. 6. C. 2. C. 7. 72).

Quand tous les créanciers héréditaires avaient demandé la séparation, aucune difficulté ne pouvait s'élever. L'acquéreur payait d'abord ceux qui étaient privilégiés à raison de la nature de leur créance ou qui avaient obtenu du défunt des garanties spéciales, par ex., un gage ou une hypothèque; puis il donnait aux créanciers chirographaires le dividende qu'il leur avait promis. Mais *quid juris* si quelques créanciers héréditaires n'avaient pas demandé la *separatio bonorum* : leur abstention profitait-elle à ceux qui l'avaient demandée ? La négative nous semble résulter, et du but de la séparation des patrimoines qui est d'empêcher seulement la confusion du patrimoine du défunt avec celui de l'héritier, et du caractère collectif de l'envoi en possession accordé aux créanciers héréditaires. La position de ces créanciers restait, après l'envoi en possession, ce qu'elle était du vivant de leur débiteur; chacun n'avait droit qu'au dividende que l'adjudicataire s'était obligé à lui payer. Les dividendes qui devaient revenir aux créanciers qui avaient suivi la foi de l'héritier étaient attribués à ce dernier, pour être ensuite partagés entre tous ses créanciers personnels, tant les créanciers antérieurs à la succession, que les créanciers héréditaires qui avaient perdu leur qualité (Voët, ad pand. *de sep.* § 3.)

Quand la *bonorum distractio* fut en vigueur, la répartition des valeurs héréditaires se faisait par les soins du juge, et les créanciers héréditaires diligents n'avaient encore droit qu'au dividende qu'ils auraient eu, si tous leurs cocréanciers s'étaient présentés.

2° L'héritier à l'encontre des créanciers duquel la séparation

des patrimoines avait été demandée devenait complétement
étranger aux créanciers héréditaires; ceux-ci s'étaient retirés de
sa personne et de ses biens ; l'adition d'hérédité était effacée en
ce qui les concernait.

Pour apprécier les conséquences de ce principe, il faut distinguer les deux hypothèses qui pouvaient se présenter.

A. L'actif héréditaire était supérieur au passif.—Une fois que
tous les créanciers du défunt et les légataires avaient été désintéressés, la séparation cessait de plein droit, puisque ceux-là
seuls qui avaient le droit de la demander et d'en profiter étaient
désormais sans intérêt pour s'en prévaloir. L'héritier prenait, en
conséquence, la portion des biens de la succession qui était restée disponible et ces biens devenaient, comme tous ses autres
biens, le gage commun de tous ses créanciers personnels (Fr. 1.
§ 17; 3 § 2; 5 D. 42 6).

B. L'actif héréditaire était inférieur au passif.— Les créanciers
de la succession pouvaient-ils revenir contre l'héritier et lui demander ce qui leur restait encore dû ? Par application du principe que nous avons posé, Ulpien et Paul répondaient négativement : En demandant la séparation des patrimoines, les créanciers héréditaires *recesserunt à personâ heredis;* ils doivent supporter les conséquences de l'imprudente mesure qu'ils ont prise
(Fr. 5 , Fr. 1 § 17. D. 42. 6.). - Ulpien cependant admettait une
exception à cette règle, dans le cas où les créanciers avaient eu
une *justissimam erroris causam* en demandant la séparation ; il
leur permettait alors de demander au Préteur la faveur (*veniam*)
d'être restitués dans leur position antérieure (Fr. 1. § 17 , in f.
D. h. t.) Papinien allait plus loin encore : laissant de côté le
principe que nous avons posé, il permettait, dans tous les cas, aux
créanciers héréditaires de recourir contre l'héritier, après que
ses créanciers personnels avaient été désintéressés. *Sed in
quolibet alio creditore, qui separationem impetravit, probari commodius est, ut si solidum ex hæreditate servari non possit, ità demum
aliquid ex bonis heredis ferat, si proprii creditores heredis fuerint
dimissi.* Ce Jurisconsulte appuyait, on le voit , sa solution sur

l'intérêt pratique ; il reconnaissait donc implicitement qu'elle était contraire aux principes du droit.

3° Dans le cas où il y avait plusieurs héritiers, la séparation des patrimoines demandée à l'encontre de l'un d'eux produisait-elle effet *ergà omnes* ?

L'affirmative est soutenue par M. de Caqueray (Revue pratique, xii, p. 51). Mais les raisons que donne cet auteur ne nous paraissent pas concluantes : la séparation des patrimoines demandée contre un héritier n'avait, croyons-nous, qu'un effet purement relatif ; en d'autres termes, les créanciers héréditaires étaient obligés d'agir séparément contre chaque masse de créanciers, s'ils voulaient reconstituer à leur profit exclusif le patrimoine entier du *de cujus*. Dans le silence des textes, voici les considérations qui nous déterminent : 1° La séparation des patrimoines était le résultat d'une décision judiciaire (Fr. 1, § 14, D. 42. 6) ; or la chose jugée n'a qu'un caractère purement relatif ; 2° D'un autre côté, quand les créanciers héréditaires ont-ils intérêt à demander et à obtenir la séparation à l'encontre de tous les héritiers ? c'est seulement dans le cas où tous sont insolvables ou présumés tels ; si l'un deux est solvable, leur intérêt est de le conserver pour débiteur, pour la fraction de dettes qu'il doit supporter, puisque, d'après le système de Paul et d'Ulpien, ils n'auraient aucun recours contre lui en cas d'insuffisance des biens héréditaires. Ce serait donc aller souvent contre leur intérêt que de faire produire à la demande dirigée contre un seul héritier et motivée peut-être par son insolvabilité, un effet absolu même à l'égard des héritiers solvables, et, du moment qu'aucun texte ne consacre cette solution, on doit la repousser.

4° Mais la séparation des patrimoines faisait-elle au moins obstacle à la division des dettes ; les créanciers héréditaires pouvaient-ils, en cas d'insolvabilité de l'un des héritiers, prendre tous les biens séparés à l'encontre d'un autre, alors même que leur valeur était supérieure au montant des dettes dont ce dernier était personnellement tenu comme héritier ? Nous n'avons pas encore de texte ; mais la négative nous paraît plus probable. Les créanciers en demandant la séparation des patrimoines contre un des héritiers, ont eu pour but d'éviter la perte que pouvait leur causer la confusion du patrimoine du défunt et de celui de cet héritier, c'est-à-dire, la perte de la portion de dettes dont ce dernier était tenu, la séparation ne doit plus produire d'effet dès que ce but est atteint.

§ II. — *Bénéfices accordés aux héritiers.*

La confusion qui se produisait entre le patrimoine du défunt et celui de l'héritier pouvait avoir également des conséquences désastreuses pour ce dernier. Il était, en effet, comme continuateur de la personne du défunt, tenu des dettes *ultrà vires* et cette obligation pouvait lui causer un grand préjudice dans le cas où la succession était mauvaise. Pour remédier à cet état de choses, le Préteur avait créé au profit des héritiers certains bénéfices dont nous allons exposer rapidement les règles, en distinguant ; afin de mettre de l'ordre dans les développements que nous avons à donner, les trois classes d'héritiers connus à Rome, les héritiers nécessaires, les héritiers siens et nécessaires et les héritiers externes (G. II, § 152. Inst. Just. II, XIX pr.).

A. De l'héritier nécessaire. — On appelait héritier nécessaire l'esclave que son maître avait institué en lui laissant la liberté (G. II, § 153, Inst. II, 19 § 1). Il résulte de cette définition, que pour être héritier nécessaire, il fallait recevoir du testateur lui-même la liberté en même temps que l'hérédité (G. II, § 188, Inst. II, 14 § 1). Dans l'ancien droit romain, le legs de la liberté devait être exprès, pour que l'institution fut valable ; mais Justinien avait décidé que ce legs serait tacitement compris dans l'institution. (G. II, § 186-187. Inst. II, XIV pr.).

Cet héritier était appelé nécessaire, parce qu'il était héritier *sive velit, sive nolit.* En général, en droit romain, on distinguait deux époques, l'ouverture du droit de succession et l'acquisition de la succession. Pour l'héritier nécessaire ces deux épo-

ques n'étaient pas à distinguer : l'acquisition du droit était
concomitante avec son ouverture.

Cette dérogation aux principes généraux était indispensable
pour permettre au testateur d'atteindre son but. La plupart du
temps, en effet, l'esclave n'était institué héritier par son maître,
que parce que celui-ci, se sentant insolvable et voulant éviter
l'ignominie qui serait résultée pour sa mémoire de la vente en
masse de ses biens poursuivie sur sa tête, avait craint que
personne, de son plein gré, ne consentît à être son héritier
(Inst. II, 19 § 1, *in med.*). — Ainsi, l'héritier nécessaire acqué-
rait la succession au moment où elle s'ouvrait; il devenait immédiatement le représentant de la personne du défunt et par
conséquent, il était tenu des dettes de la succession, comme
le défunt lui-même, personnellement. S'il ne pouvait pas satisfaire les créanciers héréditaires, c'était contre lui qu'ils pour-
suivaient *la bonorum venditio*, et sur lui que retombait en conséquence l'ignominie qui y était attachée. Sabinus avait protesté,
il est vrai, contre cet injustice; il avait fait remarquer qu'on
ne pouvait pas faire peser sur l'esclave les conséquences d'actes
auxquels il était resté complétement étranger ; mais la pratique
l'avait emporté dans le sens contraire : on n'avait pas voulu,
sans doute, enlever aux mourants cette dernière consolation
d'assurer leur mémoire contre l'infamie (G, II, § 154.).

Cependant, si au point de vue moral, aucune amélioration
n'avait été apportée à la condition de l'affranchi, le Préteur
était venu à son secours au point de vue pécuniaire (G. II,
§ 155.), en lui accordant le bénéfice de séparation pour se soustraire à l'obligation aux dettes *ultrà vires*. — Cette concession
était désavantageuse pour les créanciers, et cependant ils ne pouvaient pas s'en plaindre, car, en traitant avec leur débiteur,
ils n'avaient pas à coup sûr compté sur le patrimoine de son
héritier ; ils n'avaient pu prendre en considération que sa personne, son caractère, sa fortune.

L'héritier nécessaire pouvait user de ce bénéfice à la seule
condition de ne pas être immiscé dans les biens de la succession,
si n. n attigerit bona patroni (Fr. 1, § 18, D. 42-6). — L'héritier
nécessaire, mineur de xxv ans, pouvait même se faire restituer

par le Préteur contre son immixtion, à l'effet de recouvrer le droit de l'invoquer (Fr. 7, § 5, D. de min. 4-4).

La procédure à suivre pour arriver à la *separatio bonorum* n'était certainement pas très-compliquée : au moment où les créanciers héréditaires demandaient à être envoyés en possession des biens du défunt, l'héritier n'avait qu'à demander au Préteur de limiter cet envoi aux biens héréditaires. Le Préteur statuait *cognitâ causâ*, et, si la condition requise par l'Édit était remplie, il divisait en deux masses les biens qui formaient le patrimoine de l'esclave. L'une était composée des biens héréditaires et des valeurs acquises *ex hereditariâ causâ* (G. iii, § 56); l'autre comprenait les biens acquis par l'esclave depuis son affranchissement et les créances qu'il pouvait avoir contre son maître « *sed et si quid ei a testatore debetur.* » (Ulpien Fr. 1, § 18, D. 42-6). (Ce texte se réfère probablement à l'hypothèse où le maître avait été institué héritier par quelqu'un avec ordre de donner une certaine chose à son esclave *quum liber erit*; V. G. ii, § 244; M. Machelard, obl. natur. p. 193 et suiv.). Puis, il envoyait les créanciers héréditaires en possession de la première masse, et laissait la seconde à l'esclave qui devait être désormais regardé comme complétement étranger aux créanciers, alors même que le prix de vente des biens héréditaires avait été insuffisant pour les désintéresser entièrement (G. ii, § 155. Inst. ii, xix § 1 *in f.*).

Lorsque l'héritier nécessaire était un individu *in causâ mancipii*, le Préteur lui avait accordé, par faveur, le droit d'invoquer le bénéfice d'abstention qui n'appartenait en principe qu'aux héritiers siens (G. ii, § 160).

B. De l'héritier sien et nécessaire. — Il peut être défini : une personne qui est placée réellement ou par fiction sous la puissance paternelle du *de cujus*, et qui, au moment de l'ouverture de la succession, se trouve en première ligne pour la recueillir (G. ii, § 156. Inst. ii, xix, § 2).

On a beaucoup discuté sur l'origine de cette dénomination. Mais aujourd'hui il est constant que l'héritier dont nous nous occupons était appelé sien, parcequ'il se succédait en quelque sorte à lui-même : *quia domestici heredes sunt et vivo quoque parente quodammodo domini existimantur ;* et nécessaire, parceque, comme l'héritier nécessaire, il était, sans adition, même à son insu et malgré lui, investi de l'hérédité et par conséquent tenu des dettes *ultrà vires* (G. ii, § 157).

Pour échapper au danger que pouvait lui causer cette transmission forcée, le Préteur, dans le silence de la loi civile, lui avait accordé la *facultas abstinendi* (G. ii, § 158. Inst. ii, 19, § 2 *in f.*).

Ce bénéfice compétait à tout héritier sien et nécessaire, par exemple à la femme du testateur qui était *in manu*, ou à sa bru qui était *in manu filii*, car, par rapport à lui, elles étaient *loco filiæ et neptis* (G. ii, § 159) ; mais il n'appartenait qu'à l'*heres suus* et *necessarius*. Ainsi le *suus* institué sous une condition potestative ne l'avait pas ; il était soumis aux mêmes règles que l'*heres extraneus* (Fr. 86, § 1, D. *de hered. inst.* 28, 5). Cependant, on l'avait accordé à l'individu *in mancipio* institué *heres necessarius* (G. ii, § 160), par cette considération que la *separatio bonorum*, qu'il aurait eu le droit d'invoquer, ne l'aurait pas mis à l'abri de l'infamie résultant de la vente en masse, et qu'il méritait cependant plus de faveur que l'esclave ordinaire.

Si l'héritier sien et nécessaire mourait avant d'avoir pris parti, il transmettait son droit à ses propres héritiers (Fr. 7, § 1, D. *de acq. vel. omit. hered.*, 29, 2), et ceux-ci pouvaient l'invoquer, en faisant valoir les avantages qui leur étaient purement personnels, comme cela résulte du Fr. 12 D. h. t.).

Le bénéfice d'abstention ne pouvait être invoqué par l'héritier sien et nécessaire qu'autant qu'il ne s'était pas immiscé dans la succession, c'est-à-dire, qu'autant qu'il n'avait fait aucun acte manifestant, d'une manière certaine, son intention de se porter héritier (Fr. 20 pr., §§ 1, 2, 3 et 4, D. 29, 2 ; Fr. 87 D. h. t.). Tout acte ayant ce caractère, alors même qu'il aurait eu pour objet une chose ne faisant pas partie de la succession, emportait déchéance de la faculté de s'abstenir, *pro hærede autem gerere non est tàm facti quam animi* (Fr. 88, D. 29, 2). Ainsi, le bénéfice d'abstention était perdu pour l'héritier qui affranchissait un esclave du défunt (Fr. 42, § 2,

D. 29, 2); qui payait les dettes contractées par ce dernier (C. 2, C. 6 , 30) , ou qui continuait la société que son auteur avait formée avec des tiers (Fr. 42, § 1, D. 29, 2) ; mais les actes de simple administration n'entraînaient pas cette conséquence (Fr. 20 pr. , D. 29, 2).

Cependant, si l'héritier sien et nécessaire était impubère, on lui pardonnait son imprudence ; il pouvait encore user du bénéfice après s'être immiscé (Fr. 6 , § 1 , D. 42, 5; Fr. 11 et 57 pr, D. 29, 2), ou même, après s'être laissé condamner comme héritier (Fr. 21, D. 26, 8) ; et, d'après le Fr. 89, D. 29, 2, les fidéjusseurs qu'il avait donnés avaient une exception pour repousser les demandes que les créanciers héréditaires pouvaient diriger contre eux. Les actes faits de bonne foi par l'impubère étaient maintenus ; alors même qu'il était insolvable (Fr. 44, D. 29, 2).

Le Préteur pouvait aussi *restituere in integrum* l'héritier sien mineur de xxv ans, qui s'était immiscé (Fr. 57 , § 1 , D. 29, 2).

Pour jouir de la *facultas abstinendi*, il ne suffisait pas, comme on l'a cru pendant longtemps , que l'héritier sien et nécessaire se fût abstenu ; il fallait qu'il eût manifesté son intention d'user du bénéfice que la loi lui accordait. C'est ce qui résulte du Fr. 71, § 9 , D. 29 , 2, qui distingue suivant que, *antè quid amovit, deindè se abstinet* , ou bien , au contraire , *ante se abstinuit, deindè tunc amovit;* ce qui prouve bien que l'abstention se produisait à un moment déterminé. Mais le fait qu'on exigeait de lui consistait en une simple déclaration, *se dicit retinere hereditatem nolle* (Fr. 71 , § 4 , D. 29 , 2); il n'y avait pas de formule sacramentelle.

A la différence de l'*heres extraneus* qui répudiait la succession qui lui était offerte, l'héritier sien et nécessaire qui s'abstenait restait héritier au point de vue du Droit civil. 1° Il pouvait donc encore être poursuivi par les créanciers héréditaires; mais, comme il avait perdu cette qualité aux yeux du Préteur, celui-ci lui accordait une exception pour paralyser les demandes formées contre lui; ou encore, il refusait purement et simplement aux créanciers l'action qu'ils lui demandaient, et les renvoyait à se

pourvoir, *actione utili*, contre ceux qui, à la suite de l'abstention, avaient recueilli l'hérédité (Fr. 57 et 99, D. 29, 2) ;
2° D'autre part, l'héritier qui s'était abstenu pouvait revenir sur
son abstention, se replacer dans la situation que le Droit civil
lui avait faite, tant que les biens héréditaires n'avaient pas été
vendus, *rebus adhuc integris*. Il pouvait même, lorsqu'il était
incertain sur le point de savoir s'il reviendrait ou non sur son
abstention, demander au Préteur un délai à l'effet de retarder
la vente (Fr. 8, D. 28, 8). Dans l'ancien droit, aucune limitation n'avait été apportée, quant au temps, à l'exercice de
cette faculté : l'héritier pouvait revenir sur son abstention,
cùm nondum bona venierint, quelque long que fût le temps qui
s'était écoulé depuis sa déclaration; mais, sous Justinien, le
délai de trois ans avait été fixé (C. 6 C., *de rép. vel abst.*, *hered.*,
6, 31).

Ces règles ne s'appliquaient pas à l'impubère. L'héritier impubère au moment de sa déclaration pouvait, comme d'ailleurs le
mineur de 25 ans, revenir sur le parti qu'il avait pris, pendant
7 ans, à compter de sa majorité; il pouvait même revenir, après
la vente des biens héréditaires : il avait droit, dans ce cas, à
l'excédant du prix de vente sur ce qui avait été payé aux créanciers (Fr. 6, pr. D. 42, 5).

L'héritier qui s'abstenait cessant d'être héritier aux yeux du
Préteur, la succession pouvait être réclamée *jure prætorio*, par
les successeurs (héritiers *ab intestat* ou substitués) appelés à la
recueillir à son défaut. — Si cet héritier avait un cohéritier, il
y avait lieu au droit d'accroissement : la succession toute entière,
biens et charges, passait à ce dernier ou à son héritier dont la
position pouvait se trouver par là considérablement aggravée.
Celui-ci ne pouvait assurément pas se plaindre dans le cas où
l'abstention était antérieure à son acceptation ou à son immixtion; il n'avait, en définitive, que la situation qu'il s'était volontairement faite, en parfaite connaissance de cause (Fr. 38,
D. 29, 2). Mais, lorsque l'abstention était postérieure, on ne
pouvait pas sans injustice le laisser exposé aux conséquences
d'un acte qu'il n'avait pas pu prévoir. Aussi le Préteur était-il
venu à son secours dans ce dernier cas, en lui accordant la

faculté de s'abstenir : ce cohéritier ne pouvait pas refuser la portion qui lui était déférée par l'effet du droit d'accroissement pour s'en tenir à celle qu'il avait acquise *jure civili ;* il devait opter entre ces deux partis : prendre la succession toute entière avec toutes ses charges ou la délaisser pour le tout. — Mais le droit accordé à l'héritier trouvait sa limite dans l'intérêt des créanciers : il s'était, en effet, en acceptant l'hérédité ou en s'immisçant, engagé au paiement d'une fraction des dettes, et il ne pouvait être dégagé de cette obligation que du consentement des créanciers héréditaires. En conséquence, si ceux-ci déclaraient qu'ils se contentaient du droit qui leur appartenait primitivement contre cet héritier, ce dernier restait tenu envers eux de la fraction de dettes qui lui incombait *jure civili*, mais il avait droit, d'après le fr. 55, D. 29, 2, à la totalité de la succession. Cette décision ne se comprend pas : du moment que cet héritier n'est tenu que d'une fraction du passif, pourquoi lui donner tout l'actif héréditaire ? N'aurait-il pas été plus juste et plus logique de donner aux créanciers héréditaires la part du cohéritier qui s'était abstenu, comme on leur donnait celle de l'héritier externe qui se faisait restituer *in integrum*, dans le cas où elle était refusée par son cohéritier (Fr. 61, D. 29, 2).

Si, à la suite de l'abstention de l'héritier ou des héritiers appelés à la succession, personne ne se présentait pour la réclamer, les créanciers héréditaires se faisaient envoyer en possession et procédaient à la *bonorum venditio.*

L'héritier sien et nécessaire était déchu du bénéfice d'abstention, il restait héritier pur et simple et par conséquent tenu des dettes *ultrà vires*, dans les trois cas suivants :

1° Quand il s'immisçait, c'est-à-dire quand il faisait un acte qui impliquait nécessairement l'intention de se porter héritier ;

2° Quand il détournait ou faisait détourner des valeurs de la succession (Fr. 71, §§ 3, 4 et 5, D. 29, 2), c'est-à-dire quand il diminuait l'actif héréditaire, à son profit, de mauvaise foi, sachant bien que les objets dont il privait les créanciers faisaient partie de la succession à un titre quelconque (Fr. 71, §§ 6, 7 et 8, D. h. t.). Mais, pour que le détournement eût cette conséquence, il fallait qu'il fût antérieur à la déclaration d'abstention ; le détournement postérieur constituait un vol et donnait lieu contre l'héritier à l'action *furti* (Fr. 71, § 9, D. h. t.).

3° Enfin, dans le cas où il faisait acheter des biens héréditaires par une personne interposée (Fr. 91, D. h. t.) ; on voulait empêcher l'héritier de conserver les biens de la succession en ne payant aux créanciers qu'un prix insignifiant. Mais l'héritier qui s'était abstenu pouvait parfaitement se porter acquéreur des biens vendus sur le défunt, aux mêmes conditions qu'un étranger (C. 2, C. 6, 31).

C. De l'héritier externe. — L'héritier était appelé externe quand il n'était pas sous la puissance du *de cujus*, au moment de la mort de ce dernier. Ainsi l'esclave d'autrui ou la personne *in potestate alterius* étaient des héritiers externes (G. ii, § 161. Inst. ii, 19, § 3.).

La grande différence entre les héritiers externes d'une part, et les héritiers nécessaires, siens et nécessaires d'autre part, consistait dans la liberté donnée à ces derniers d'accepter ou de répudier la succession. Pour eux, l'institution testamentaire ou la vocation de la loi constituait, en principe du moins, une offre qu'ils étaient libres de rejeter ou de confirmer par l'expression de leur volonté (Vid. Fr. 1, § 6; Fr. 6, § 1, D. 42, 6; Fr. 11, § 2, D. 36, 1). Ainsi, tandis que pour les deux premières classes d'héritiers l'acquisition du droit se confondait avec son ouverture ; pour les héritiers externes, au contraire, on distinguait parfaitement l'ouverture du droit héréditaire, au moment de la mort, si l'institution était pure et simple, au moment de l'arrivée de la condition, si elle était conditionnelle, de l'acquisition du droit au moment même où l'héritier externe manifestait son intention d'acquérir la succession.

L'acceptation ou la répudiation de la succession était irrévocable (C. 4, C. 6, 31); le successible ne pouvait plus, en règle générale, revenir sur le parti qu'il avait pris (G. ii, § 163 Inst. ii, 19, § 5). Son intérêt exigeait donc qu'il ne fût pas obligé d'opter sur-le-champ, qu'on lui laissât tout le temps nécessaire pour s'éclairer sur les forces de la succession et se prononcer ensuite en parfaite connaissance de cause. A ce point de vue, sa position dans l'ancien droit était différente, suivant qu'il avait été institué avec ou sans crétion.

A. L'héritier était institué avec crétion, lorsqu'il devait faire adition de l'hérédité dans le délai fixé par le testateur, et en se servant de la formule sacramentelle dont Gaius nous a conservé les termes (C. II, § 165).

Le délai était ordinairement de 100 jours; mais il pouvait, au gré du testateur, être plus long ou plus court, sauf le droit pour le Préteur de l'abréger lorsqu'il le considérait comme trop long (Gaius II, § 170. Ulp. rég. xxII, 27-31). Pour savoir quels jours on devait compter dans ce délai, il fallait se reporter nécessairement à l'institution. Lorsque le testateur avait dit : « *Titius... quibus scies poterisque...* », et c'est la formule qui était ordinairement employée, on ne comptait que les jours utiles, et le délai ne commençait à courir que le jour où l'héritier avait su que la succession lui était offerte et avait pu faire adition; mais, quand le testateur avait supprimé les mots : *quibus scies poterisque*, la crétion était dite *continua*, et le délai courait du jour même de l'ouverture de la succession, sans qu'on eût à se préoccuper du point de savoir si l'héritier avait su que la succession lui était dévolue, et s'il s'était trouvé à même d'en faire adition (G. II, §§ 171, 173. Ulp. reg. xxII, 31, 32).

En instituant son héritier avec crétion, le but du testateur avait été de lui fixer un délai pour examiner les forces de la succession, délibérer sur le parti qu'il avait à prendre, et ensuite faire adition solennelle (Ulp. reg. xxII, 27). De là les conséquences suivantes : 1° Pendant le délai fixé, les créanciers héréditaires ne pouvaient pas forcer l'héritier à prendre parti; bien plus, celui-ci pouvait revenir, en prononçant la formule solennelle qui lui avait été imposée par le testateur, sur la volonté qu'il avait manifestée de répudier la succession (Ulp. reg. xxII, 30); 2° L'hérédité n'était acquise à l'héritier institué que par une adition solennelle; un acte manifestant sa volonté d'accepter la succession ne suffisait pas; 3° Enfin, l'adition devait nécessairement être faite dans le délai fixé par le testateur; passé ce délai sans adition solennelle, l'héritier était exhérédé, il n'avait plus aucun droit sur la succession (G. II, § 166).

La crétion en usage sous les jurisconsultes était tombée devant le *jus deliberandi* introduit par le Préteur. Les empereurs Arcadius, Honorius et Théodose l'abrogèrent formellement en 407 (C. 17, C. 6, 30).

B. Lorsque l'héritier était appelé par la loi ou par le testateur, mais sans crétion, il avait le champ libre pour exercer son choix; il pouvait faire adition quand bon lui semblait, en manifestant sa volonté de se porter héritier (G. II, § 167, Inst. II, 19, § 7).

Cette législation, en parfaite harmonie avec l'intérêt de l'héritier, était contraire aux intérêts des créanciers et des légataires; ceux-ci, en effet, ne pouvaient se faire envoyer en possession des biens de la succession, puisqu'il y avait un héritier qui pouvait faire adition d'un moment à l'autre. Pour remédier au vice de cette situation et pousser l'héritier à se prononcer promptement, on avait d'abord organisé l'*usucapio lucrativa pro hærede*, qui s'accomplissait par un an, au profit de tout tiers possesseur, sans bonne foi et sans juste titre (G. II, §§ 52-56); on avait, d'un autre côté, limité à 100 jours ou à 1 an le droit de demander la *bonorum possessio* que l'héritier avait grand intérêt à obtenir, afin d'avoir l'interdit *quorum bonorum* pour se faire mettre en possession des choses héréditaires (Inst. III, 9, § 8); enfin, comme ces mesures n'étaient pas assez efficaces, le Préteur s'était réservé, dans son édit, le droit d'accorder à l'héritier un délai pour délibérer, ou de lui en imposer un sur la demande des intéressés (Fr. 1 § 1, D. *de jure delib.* 28, 8). Dans l'ancien droit, le minimum du délai était de 100 jours, et le magistrat pouvait accorder une prolongation pour des motifs graves (Fr. 2, 3 et 4, D. 28, 8); mais Justinien, en supprimant toute faculté de prolongation, en avait fixé le maximum à 9 mois ou à 1 an, selon qu'il était accordé par le magistrat ou par l'empereur (C. 22, § 13, *de jure delib.* 6, 30).

Pendant ce délai, l'héritier ne pouvait être poursuivi par les créanciers héréditaires; mais, d'un autre côté, ses droits sur les biens et valeurs de la succession étaient en rapport avec le but dans lequel ce délai lui avait été accordé. Ainsi, il pouvait consulter tous les titres et documents de nature à l'éclairer sur les forces de l'hérédité (Fr. 5 pr., D. 28, 8); mais il ne pouvait pas en poursuivre les débiteurs ou faire, quant aux biens, des actes par lesquels *hereditas minui potest*. Lorsqu'un acte de cette nature était nécessaire, l'héritier devait obtenir l'autorisation du Préteur (Fr. 5, § 1, et Fr. 7, §§ 1, 2 et 3, D. 28, 8).

L'héritier externe n'acquérant la succession que par son adition ou par une *pro hærede gestio*, il en résultait que, dans le cas où il mourait avant de s'être prononcé, il ne transmettait pas son droit à ses propres héritiers, alors même qu'il aurait été dans le délai pour délibérer. Justinien avait innové sur ce point : d'après la C. 19, C. 6, 30, l'héritier externe qui mourait dans le délai pour délibérer transmettait à ses héritiers le droit de se prononcer à son lieu et place, si une année ne s'était pas encore écoulée depuis l'ouverture de la succession.

Lorsque l'héritier laissait passer le délai qui lui avait été accordé, sans se prononcer, avant Justinien, il était présumé renonçant. En conséquence, s'il y avait un substitué, l'hérédité lui était déférée, comme s'il y avait eu répudiation de la part de l'institué ; et il pouvait user à son tour du *jus deliberandi* et demander un délai pour se prononcer (Fr. 69 D. 29. 2). Si personne ne se présentait, les créanciers héréditaires se faisaient envoyer en possession pour procéder à la *bonorum venditio* (G. II, § 167 *in f.*). — Sous Justinien, l'héritier qui n'avait pas répudié avant l'expiration du délai était, au contraire, réputé acceptant, et tenu dès lors des dettes de la succession *ultrà vires successionis* (C. 22 § 14 C. 6, 30).

En résumé, le *jus deliberandi* accordé par le Préteur à l'héritier externe ne faisait que suspendre pendant un certain temps le droit d'action des créanciers héréditaires, mais l'héritier n'avait jamais que le choix entre ces deux partis, accepter la succession ou la répudier. S'il acceptait, il était irrévocablement tenu *ultrà vires* envers les créanciers ; quel que fût l'écart qui existait entre les dettes et l'actif héréditaire, *relinquendæ hereditatis facultatem non habebat*. Cet état de choses fut successivement modifié. 1° Le Préteur était venu d'abord au secours des mineurs de xxv ans (G. II, § 163. Inst. II. 19, § 5);

lorsque l'hérédité était mauvaise, il leur avait accordé, non pas une véritable *restitutio in integrum*, car l'adition de l'hérédité n'était pas effacée, mais la faculté de n'être tenus des dettes qu'*intrà vires successionis* ; 2° Par dérogation aux principes, un majeur de xxv ans avait été gratifié de la même faveur par l'empereur Adrien (G. n. § 163. Int. n. 19, § 6) ; 3° Gordien avait accordé ce bénéfice à tous les militaires ; 4° et enfin, Justinien, faisant un pas de plus, l'avait étendu à tous ceux qui n'accepteraient la succession qu'en faisant inventaire des biens qui en dépendaient (Int. n. 19, § 6. C 22, C. 6. 30). L'héritier, dès ce jour, avait eu le choix entre trois partis : l'acceptation pure et simple entraînant obligation aux dettes *ultrà vires* ; la renonciation déchargeant de toute obligation aux dettes, et l'acceptation sous bénéfice d'inventaire dont nous allons étudier les conditions et les effets, au point de vue du paiement des dettes héréditaires.

A. Les conditions de l'acceptation sous bénéfice d'inventaire sont très-bien indiquées dans la C. 22 C. 6. 30. 1° L'héritier ne devait pas avoir fait acte d'héritier pur et simple ; 2° il devait, de plus, faire dresser bon et fidèle inventaire des biens et valeurs de la succession, dans le délai fixé par la loi : l'inventaire devait être commencé dans les 30 jours à partir de celui où l'héritier avait su que la succession lui était déférée, et il devait être terminé dans 60 autres jours. Si ce dernier délai était insuffisant à cause de l'éloignement de la majeure partie des biens héréditaires, il pouvait être prorogé jusqu'à 1 an, mais jamais au delà (C. 22. §§ 2 et 3 C. 6. 30).

Ces deux conditions suffisaient ; aucune déclaration n'était requise de la part de l'héritier.

B L'influence du bénéfice d'inventaire sur le paiement des dettes héréditaires est aussi facile à déterminer. D'abord, pendant la confection de l'inventaire, l'héritier ne pouvait être poursuivi par les créanciers du *de cujus* ; il avait pour les repousser une exception dilatoire. Mais, comme cette situation ne devait pas préjudicier aux intérêts de ces derniers, il avait été décidé que pendant tout ce délai la prescription ne courrait pas contre eux (C. 22. § 11 C. 6. 30).

L'inventaire une fois terminé, l'héritier conservait bien sa qualité, mais son patrimoine restait séparé et distinct de celui de la succession. De là les conséquences suivantes : l'héritier conservait toutes les créances qu'il pouvait avoir contre le défunt, il avait le droit de les exercer comme les autres créanciers et il venait en concours avec eux. Il pouvait même déduire à son profit, avant tout paiement, ses impenses pour frais de funérailles et autres de même nature (C. 22, § 9) ; mais, en sens inverse, il restait débiteur envers la succession de tout ce qu'il devait au défunt. D'un autre côté, le droit des créanciers héréditaires et des légataires était limité aux biens composant l'actif de la succession, et, pour en établir la consistance, lorsqu'ils doutaient de l'exactitude ou de la sincérité de l'inventaire, ils pouvaient avoir recours à toute espèce de moyens, même à l'apposition des esclaves à la torture, et, en dernier lieu, à la délation du serment. Si l'héritier s'était rendu coupable de détournement ou de recel, ils avaient droit au double de la valeur des objets détournés ou recelés (C. 22 § 10).

L'héritier qui n'avait accepté la succession que sous bénéfice d'inventaire n'était donc vis-à-vis des créanciers héréditaires qu'un simple administrateur comptable. Il vendait les biens de la succession et payait ceux-ci au fur et à mesure qu'ils se présentaient. Il ne leur devait plus rien une fois que l'actif de la succession était épuisé. Ceux qui se présentaient alors ne pouvaient exercer de recours, ni contre lui ni contre les acheteurs des biens de la succession ; ils avaient seulement le droit d'agir, soit par la *condicio indebiti*, soit par l'action hypothécaire, contre les légataires auxquels ils étaient toujours préférables et contre leurs cocréanciers déjà payés ou remplis de leur droit au moyen d'une *datio in solutum*, quand ils jouissaient à leur égard d'un droit quelconque de préférence (C. 22. §§ 5, 6, 7, et 8).

Ce qui restait des biens de la succession après paiement des créanciers héréditaires et des légataires revenait à l'héritier.

En créant le bénéfice d'inventaire, Justinien n'avait pas abrogé le *jus deliberandi* ; mais il dut être désormais d'un usage peu fréquent. Lorsque l'héritier avait des doutes sur la solvabilité du *de cujus* ; il était bien plus avantageux pour lui d'accepter la succession sous bénéfice d'inventaire que de demander un délai pour délibérer. En prenant ce dernier parti, il perdait en effet, la faculté de se prévaloir de la loi falcidie à l'encontre des légataires, et, d'un autre côté, il était réduit à accepter la succession et à se soumettre à l'obligation indéfinie des dettes, ou à la répudier en se privant du profit qu'il aurait pu réaliser (C, 22, § 14 C, 6, 30),

Deuxième Partie.

ANCIEN DROIT FRANÇAIS.

CHAPITRE PREMIER.

LÉGISLATION DES PAYS DE DROIT ÉCRIT.

Nous retrouvons les principes de la législation romaine, soit au point de vue du droit de poursuite, soit au point de vue de la contribution.

1° Au regard des créanciers héréditaires, les héritiers testamentaires et les héritiers *ab intestat* étaient placés sur la même ligne ; ils représentaient également la personne du défunt, et par conséquent, à défaut d'acceptation sous bénéfice d'inventaire, ils étaient tenus des dettes de la succession, *ultra vires*, même sur leur propre patrimoine : « le premier engagement d'un héritier, dit Domat, est cette obligation générale et indéfinie qu'il contracte envers toutes les personnes qui pourront avoir quelque droit sur l'hérédité, quoiqu'il ignore quelles sont toutes ces personnes et quels sont leurs droits et quoique les biens de l'hérédité n'y suffisent pas. » (Lois civiles, lit. 1, sect. vi, n° 3).

Les dettes se divisaient entre eux proportionnellement à la part héréditaire de chacun d'eux : « lorsqu'il y a plusieurs héritiers, dit le même auteur, les créanciers du défunt doivent diviser leurs demandes contre chacun d'eux, selon leurs portions dans l'hérédité, sans qu'ils puissent poursuivre les uns pour les portions des autres, ni demander le tout à un seul. » (Tit. 1, sect. IX, n° 10).

Exceptionnellement, un héritier pouvait être poursuivi pour le tout : 1° dans le cas où la dette était indivisible; 2° dans le cas où elle était hypothécaire; « pour les dettes qui ont un privilége ou une hypothèque, dit encore Domat, les créanciers peuvent s'en faire payer sur les biens qui y sont sujets, quoiqu'un seul héritier les ait dans son lot. Et c'est ce qu'on dit communément que les héritiers sont tenus des dettes de la succession, chacun pour sa part et hypothécairement pour le tout. » (Loc. cit.)

2° Toutes les dettes, quelle que fût leur nature, « soit pures, personnelles, hypothécaires ou privilégiées, » devaient être supportées par tous les héritiers, proportionnellement à la part que chacun prenait dans l'actif héréditaire. Dès lors, si un héritier avait payé l'intégralité d'une dette héréditaire ou si l'héritier possesseur de l'héritage sujet à l'hypothèque avait été poursuivi pour le tout, il avait un recours contre ses cohéritiers qui devaient l'indemniser, chacun pour sa portion (Domat, loc. cit. n° 12).

Domat admettait cependant qu'un héritier pouvait être chargé par le défunt d'acquitter toutes les dettes ou plus que sa portion, sans recours contre ses cohéritiers (Loc. cit.).

CHAPITRE DEUXIÈME.

LÉGISLATION DES PAYS DE DROIT COUTUMIER.

Pour mettre de l'ordre dans les développements que nous avons à donner, nous distinguerons, avec tous nos anciens auteurs, le droit de poursuite de la contribution aux dettes, c'est-à-dire les règles qui régissaient les rapports des créanciers hé-

réditaires avec les héritiers et les autres successeurs, des principes qui présidaient à la répartition des dettes entre ces derniers.

§ 1. — *Du droit de poursuite des créanciers héréditaires.*

Nous examinerons successivement les deux questions suivantes : 1° Contre quels successeurs les créanciers héréditaires pouvaient-ils agir? 2° Dans le cas où il y avait plusieurs successeurs, dans quelle mesure chacun d'eux était-il soumis au droit
de poursuite des créanciers héréditaires?

A. D'après quelques coutumes, les dettes suivaient les meubles;
les créanciers étaient en conséquence obligés de discuter les meubles de la succession avant d'atteindre les immeubles, et quand,
à défaut de meubles, ils pouvaient se pourvoir sur ces derniers,
ils devaient s'attaquer d'abord aux acquêts immeubles; les immeubles patrimoniaux ne venaient qu'en dernier lieu. (Cambrai,
Bruxelles, Valenciennes, Metz, Gorze).

C'était là un reste de l'ancien usage qui, avant l'ordonnance de
1839 (art. 74), dans le but de conserver les héritages dans les
familles, obligeait les créanciers à discuter les meubles de leur
débiteur, avant de se pourvoir sur ses immeubles (V. Pothier,
coutume d'Orléans, xxi, 22. — Lebrun, des succ. Liv., iv,
ch. 2, sect. 2, n° 13.; Merlin, Rép., v° Dettes, § 3, n° 9).

2° Dans d'autres coutumes, tout à fait exceptionnelles, comme
nous l'apprend Pothier (succ. ch. v, art. 2, § 1), c'était l'origine de la dette qui réglait le droit de poursuite des créanciers
héréditaires, par application de la maxime *paterna paternis*,
materna maternis. (V. coutumes de la Marche (art. 238 et 239).
et d'Auvergne (art. 22 et 23, ch. 12). — Lebrun, succ. (liv. iv,
ch. 2, sect. 3, n° 19).

3° Mais, dans la grande majorité des coutumes, dans le droit
commun de la France, on ne recherchait ni la cause ni l'origine
des dettes, et, tous les héritiers, quelle que fût la nature des

biens auxquels ils succédaient, et non pas seulement les héritiers mobiliers, étaient tenus du paiement du passif.

B. La mesure du droit de poursuite variait aussi beaucoup suivant les coutumes.

1° Dans les coutumes du nord, le créancier pouvait agir *in solidum* contre un seul des héritiers. (V. Hainaut; Artois; bailliage et châtellenie de Lille; echevinage de Lille; bailliage et châtellenie de Douai; echevinage de Douai; Amiens; Bretagne. D'après l'art. 226 de la coutume de Cassel « chaque héritier pourra poursuivre sont deu pendant l'an et jour contre la maison mortuaire, et après toutes les actions personnelles *activé* et *passivé* se partagent entre les héritiers *a raté* de ce qu'ils prennent et de ce qu'ils possédent; l'action réelle suit toujours le fonds. » — V. Duparc-Poulain: Pr. du Droit français, sect. 5, n° 74, 4° vol.).

Ces dispositions empêchaient les conséquences désastreuses du principe de la division des dettes entre les héritiers; elles sauvegardaient entièrement l'intérêt des créanciers héréditaires; mais elles pouvaient causer un grave préjudice à l'héritier ainsi tenu sur tous les biens qui composaient son patrimoine, tant sur ses biens propres, que sur les biens héréditaires. Aussi, Pothier les traitait-il de déraisonnables (suc. ch. v. art. 3, § 2), et Merlin les considère comme « très rigoureuses et opposées à l'équité » (Rép. v° Dettes § 3, n° 2).

2° D'après la coutume et la jurisprudence de Normandie, toutes les dettes du défunt étaient réputées hypothécaires du jour de son décès (Lebrun, suc. liv. iv, ch. 2, sect. 1), ou plutôt, comme dit Basnage (tr. des hyp. ch. iv, n° 2), du jour de l'adition d'hérédité (V. *etiam* Godefroy, sur l'art. 593 de la cout. de Normandie).

3° D'après la coutume de Bourgogne, les créanciers héréditaires avaient une action *in solidum*, mais sur les biens de la succession seulement. L'art. 12 (ch. 7) de cette coutume est ainsi conçu : « dettes héréditaires sont payées sur toute la masse héréditaire. »

Ces deux dernières coutumes conciliaient de la façon la plus juste et la plus ingénieuse l'intérêt des créanciers héréditaires et celui des héritiers qui ne pouvaient être constitués en perte ; mais elles étaient vivement attaquées par nos jurisconsultes coutumiers les plus en renom, notamment par Lebrun et par Pothier.

4° Voici quelles étaient les règles qui formaient le droit commun de la France coutumière :

I. Si tous les héritiers succédaient aux mêmes biens, le droit de poursuite avait pour base la part héréditaire de chacun d'eux, conformément aux principes du droit romain. Nous trouvons cette règle déjà énoncée par Beaumanoir, au xiii siècle : « se un hons a plusors hoirs, dont çascuns emporte sa partie, cil à qui les dettes sont deues, ne pœnt pas toutes lor detes demander à l'un des oirs et lessier les autres hoirs en pais, ançois doivent demander à cascun des hoirs, selonc la cantité qu'il emporta des biens ; si comme s'il emporta la moitié, il est tenus à la moitié des dettes, et du plus plus et du moins moins. » (Cout. de Beauvoisis, ch. vi, n° 27). — Loysel la donne, dans ses institutes coutumières, à peu près dans les mêmes termes que l'art. 873, C. C. « les héritiers sont tenus des faits et obligations du défunt, personnellement chacun pour sa part et hypothécairement pour le tout. » (Règle 327. Ed. Dup. et Lab. t. i, p. 330). V. coutumes de Calais, Ribemont, Senlis, Paris, Etampes, Montfort l'Amaury, Mantes et Châteauneuf.

La raison de ces dispositions nous est donnée par Pothier : « Dans ce cas (celui où les héritiers succèdent aux mêmes biens) la part de chacun dans la succession est certaine et par conséquent la part que chacun doit porter des dettes l'est aussi » (suc. ch. v, art. 3, § 2).

II. Si les héritiers étaient appelés à succéder à différentes espèces de biens, les uns aux meubles et acquêts, les autres aux propres, les créanciers pouvaient agir contre eux, *pro numero virorum*, pour une part virile, jusqu'à la ventilation qui devait fixer la valeur respective des masses, et, après cette ventilation, contre chacun proportionnellement à la valeur des biens par lui recueillis. (V. coutumes de Calais, Laon, Châlons, Reims, Saint-

Quentin, Chauny, Paris (art. 334 et 335), Troyes, Vitry, Orléans
(art. 357 et 360), Berry et Auxerre : L'art. 246 de cette dernière
donnait « aux héritiers un délai de 15 jours pour déterminer la
part et portion des biens esquels ils succédaient, et à défaut
d'avoir ce fait, sera tenu chacun d'eux aux dettes du dit défunt
par égale portion. » *Vide etiam* : Pothier, succ. ch. v, art. 3,
§ 2. — Introd. à la cout. d'Orléans xvii, 122 et Lebrun succ.
liv. iv, ch. 2, sect. 1, n° 5).

La part héréditaire qui était la mesure du droit de poursuite
des créanciers de la succession contre les héritiers, quand ceux-
ci succédaient aux mêmes biens, n'était pas toujours égale à
l'émolument que ces derniers retiraient de la succession. Ainsi,
dans la plupart des coutumes, bien que l'aîné eût dans les fiefs
une portion plus considérable que celle de ses puînés, il n'était
néanmoins tenu des dettes que dans la même proportion (Cout.
de Ribemont, Senlis, Paris (art. 334), Orléans (360), Etampes,
Montfort l'Amaury, Mantes, Châteauneuf). — Voici la raison de
cette règle : « c'est, dit Pothier, que les coutumes de Paris et
d'Orléans et autres semblables donnent à l'aîné, par forme de
prélegs et hors part, ce qu'elles lui accordent de plus qu'aux
puînés dans les fiefs, et ne le réputent héritier que pour sa portion virile » (Succ. ch. v, art. 3, § 3).

De même, la part pour laquelle les héritiers pouvaient être
poursuivis était bien différente de leur émolument, dans le cas
où ils venaient en concours avec un légataire ou un donataire universel. Si la succession était dévolue, par exemple, à deux héritiers et à un légataire universel du tiers, chaque héritier, bien
qu'il ne recueillît en réalité qu'un tiers de la succession, pouvait
cependant être poursuivi pour la moitié des dettes (V. Pothier,
suc. ch. v, art. 3, § 1 et 2. — Oblig. n° 299. Int. à la c. d'Orl.
xvii, 109. — Lebrun, succ. liv. iv, ch. 2, sect. 1, n° 3).

Mais, s'ils le préféraient, les créanciers héréditaires pouvaient-
ils s'adresser directement au légataire ou au donataire universels? Dans le principe, ce droit leur était refusé : comme en
droit romain, ils ne pouvaient agir que contre les héritiers;
mais, pour éviter la multiplicité des actions, « on en vint à les
considérer comme des cessionnaires légaux exerçant l'action en

contribution des héritiers et ils purent dès-lors poursuivre directement les légataires universels. » Seulement, tandis que les héritiers, représentant la personne du défunt, étaient tenus *ultrà vires* sur leur propre patrimoine, s'ils n'avaient pas eu le soin de n'accepter la succession que sous bénéfice d'inventaire (1), les donataires ou légataires universels, comme les successeurs irréguliers, n'étaient tenus que sur ce qu'ils recueillaient, s'ils pouvaient justifier par un inventaire ou quelque autre acte équivalent de la consistance réelle de la succession. Voici comment s'exprime Lebrun : « Quoique notre usage et l'art. 334 de la coutume de Paris donnent cette action personnelle contre un légataire universel, néanmoins c'est imparfaitement, en tant qu'il n'est jamais tenu indéfiniment au delà des forces de son legs universel, pourvu qu'il ait fait inventaire (ce qui est pourtant l'effet naturel de l'action personnelle) et que, d'ailleurs, le légataire universel n'étant point possesseur de droit, et ayant besoin d'obtenir la délivrance de son legs universel, on lui fait moins payer les dettes par l'effet direct de cette action personnelle que par une espèce de rétention et de déduction qui se pratiquent à son égard sur le fondement de la maxime : *bona non dicuntur nisi deducto ære alieno* » (succ. liv. ix, ch. ii, sect. 1, n° 3).

Pothier n'est pas moins explicite dans son traité des successions (Ch. v, art. 2, § 3 et art. 3 § 1), et dans son introduction au tit. xvii de la cout. d'Orléans (n° 113).

Si les légataires ou donataires universels (ou les successeurs irréguliers) s'étaient mis en possession des biens de la succession, sans que sa consistance fût établie par un inventaire ou quelque autre acte équivalent, et qu'ils eussent disposé des biens, Ricard leur permettait encore de se décharger des dettes par l'abandon des biens héréditaires dont il les autorisait à établir l'importance par enquêtes de commune renom-

---

(1) Beaumanoir après avoir établi « que les héritiers ne sont tenus du meffet à lor devancier fors en tant qu'il vint à ans, » ajoute, pour caractériser leur obligation quant aux dettes : « Mais ce sont ils vers les créanciers qui eurent le tor à lor devancier, et vers les plèges que lor devanciers bailla por detes, et les doivent aquiter et le créditeur paier, comblen qu'il emportassent poi, puisqu'il s'en sont fet hoir » (C. de Beauvaisis, ch. 44, n° 20, in f.).

mée. Pothier soutenait, au contraire, que dans ce cas ces successeurs aux biens étaient tenus indéfiniment, comme les héritiers (succ. Ch. v, art 2 § 3), et le président Espiart, annotateur de Lebrun, nous apprend que cette dernière opinion était celle de la jurisprudence (Lebrun, suc. liv. iv, Ch. 2, sect. 2, n° 50 ; additions p. 57).

Ainsi, dans le droit commun de la France coutumière, en principe, un héritier ne pouvait être poursuivi par les créanciers héréditaires que pour une fraction de la dette dont l'importance variait, selon les distinctions que nous venons d'établir.

Par exception, un héritier pouvait être poursuivi pour la totalité d'une dette :

1° Dans le cas où la dette était indivisible *naturà*, *obligatione* ou *solutione tan'ùm* (Pothier, succ. Ch. v, art. 3 § 5; obl. n°s 291 et s. Int. au titre xvii de la cout. d'Orléans n° 124).

2° Dans le cas où elle était hypothécaire. L'héritier qui avait dans son lot un immeuble hypothéqué par le défunt pouvait être poursuivi personnellement pour sa part et portion et hypothécairement pour le tout. L'art. 358 de la cout. d'Orléans est ainsi conçu : « Toutesfois s'ils sont détenteurs d'héritages qui ayent appartenu au deffunct, et qu'ils ayent esté obligez et hypothéquez à la debte par le deffunct, chacun des héritiers est tenu payer le tout, sauf son recours contre ses cohéritiers. » (V. art. 333 de la cout. de Paris ; Loysel, inst. cout. Ch. iii, tit. vii, règ. 18; Pothier, des obl. n° 301 ; succ. Ch. v. art. 4; Cout. d'Orléans xx, Ch. 1er, sect. 3.

Le jugement de condamnation qui intervenait sur cette poursuite ne devait, d'après les principes du droit que Lebrun expose avec la plus grande clarté dans son traité des successions, donner hypothèque *sur les biens personnels de l'héritier*, que jusqu'à concurrence de la part pour laquelle celui-ci était tenu personnellement. Cependant la pratique constante du Châtelet de Paris était de condamner pour le tout, même sur ses propres biens, l'héritier détenteur d'immeubles héréditaires (Lebrun, succ. liv. iv, Ch. 1, sect. 1, n°s 34, 35 et 37). Peut-être cette jurisprudence peut-elle s'expliquer par un souvenir de l'action *in solidum* que les coutumes du nord donnaient contre chaque héritier et qui, d'après quelques auteurs, est l'expression du droit coutumier le plus ancien.

Un héritier ne pouvait être poursuivi hypothécairement que tant qu'il était en possession de l'immeuble hypothéqué. Dès que celui-ci avait perdu la possession, le créancier ne pouvait plus s'adresser qu'au tiers détenteur. Cependant cette opinion n'avait été admise qu'après une vive controverse dont Lebrun nous donne les principaux éléments (succ. liv. iv, Ch. 1, sect. 1, n° 38. Pothier, cout. d'Orléans, xx, 52).

Si le créancier hypothécaire était en même temps héritier pour partie de son débiteur, il ne pouvait, d'après Lebrun, agir pour le tout contre celui de ses cohéritiers entre les mains duquel se trouvait l'immeuble hypothéqué à sa dette : « le créancier devient héritier et par conséquent il entre en une espèce de société avec ses cohéritiers ; dès lors, il est soumis à la loi de l'égalité qui est la souveraine des partages. Il doit épargner également ses cohéritiers et ne pas faire tomber tout le faix de son action sur un seul, ni susciter une guerre domestique par un circuit d'actions récursoires contre ses cohéritiers » (liv. iv, Ch. 2, sect. 1, n° 43). Mais la question était controversée et nous la retrouverons en étudiant notre droit moderne.

3° Enfin, lorsque le défunt avait laissé des héritiers de différentes espèces, les uns aux meubles et acquêts, les autres aux propres, et qu'il était débiteur d'un corps certain faisant partie de l'un de ces patrimoines, la dette ne se divisait pas entre tous les héritiers, mais seulement entre ceux du patrimoine où se trouvait la chose due (Pothier, obl. n° 302).

Du principe de la division des dettes entre les héritiers résultait notamment la conséquence suivante que nous avons déjà signalée en droit romain, à savoir, que si l'un des héritiers était insolvable, c'était sur le créancier que retombait la perte résultant de cette insolvabilité. Celui-ci ne pouvait demander aux autres héritiers la part de l'insolvable, alors même qu'ils avaient encore entre leurs mains des valeurs de la succession, ou qu'ils n'avaient accepté que sous bénéfice d'inventaire, car l'acceptation bénéficiaire n'avait pour but que de limiter aux

biens de la succession l'obligation de l'héritier dans les dettes.
« Cela est pris même de l'idée de l'héritier, dit Pothier. Un
héritier est celui qui succède aux droits actifs et passifs,
c'est-à-dire aux dettes et obligations du défunt. Celui qui n'est
héritier que pour partie, n'y succède que pour cette partie ;
il n'est donc tenu que pour cette partie : l'insolvabilité de
ses cohéritiers, qui survient, ne le rend pas successeur pour
le total aux droits du défunt ; il ne l'est toujours que pour sa
part, et par conséquent il ne doit être tenu des dettes que pour
sa part » (obl. n° 310).

Le principe une fois établi, Dumoulin, et après lui Pothier,
y apportaient exception dans les deux cas suivants :

1° Par application des principes généraux du droit, lorsque
c'était par le dol et le fait d'un héritier que le créancier n'avait
pu se faire payer par les autres héritiers devenus insolvables
(ob. n° 311).

2° Dans l'hypothèse suivante : Primus, débiteur de 10,000 fr.,
est mort laissant un actif de pareille somme et pour héritiers,
deux enfants, dont l'un, insolvable au moment du décès de son
père, avait déjà reçu en avancement d'hoirie la somme de
10,000 fr. montant de ses droits dans la succession. Bien qu'il
n'eût aucun intérêt à le faire, cet enfant a cependant accepté la
succession. Les dettes se sont divisées en principe entre les deux
héritiers, mais les créanciers ne perdront pas néanmoins les
parts de dettes mises à la charge de l'insolvable ; « l'autre enfant
doit répondre, en ce cas, dit Pothier, envers les créanciers de la
succession, de la part des dettes dont est tenu son frère insolvable, quoique les créanciers n'aient pas eu la précaution d'arrêter les biens de la succession avant le partage. La raison est
que cet enfant ayant recueilli presque tout l'actif des biens
délaissés par le défunt, au moyen de ce que son frère a été tenu
de précompter ce qu'il avait reçu du vivant du père commun,
il est juste qu'il ne profite pas, aux dépens des créanciers de la
succession, de ce que son frère s'est mal à propos porté héritier ;
il y a lieu en ce cas de présumer une collusion entre les deux
frères, et que c'est dans la vue de se décharger d'une portion
de dettes et d'en frauder les créanciers, qu'il a engagé son frère

insolvable à se porter héritier : *hoc est injustum*, disait Dumoulin, *nec suspicione collusionis vacat.* » (obl. n° 314).

3° Dumoulin faisait encore fléchir la rigueur du principe dans le cas où il s'agissait du recouvrement d'un prêt qui avait été la cause de la fortune du défunt; mais Pothier repoussait cette décision (obl. n° 311).

Le créancier, qui ne se trouvait dans aucun des cas d'exception que nous venons de rappeler, pouvait se mettre à l'abri du danger qui le menaçait en faisant arrêter avant le partage les biens de la succession et en exigeant son remboursement immédiat (Pothier, obl. n°° 309 et 311); mais, une fois que le partage était consommé, la loi ne lui offrait plus aucun moyen, car la séparation des patrimoines laissait subsister la division des dettes (*vide infra*, p. 80).

§ II. — *De la contribution aux dettes entre les héritiers et autres successeurs.*

1° Quelques coutumes imposaient aux héritiers des meubles l'obligation de payer toutes les dettes personnelles et mobilières (v. cout. d'Artois, Hainaut, Thionville, bailliage et châtellenie de Lille ; bailliage et châtellenie de Douai, Valenciennes, Cambrai, Metz, Bar, Sens, Blois, Touraine, Lodunois).

2° Dans d'autres coutumes, quiconque appréhendait les meubles à titre universel, héritier, légataire ou donataire, devait payer toutes les dettes (v. cout. d'Amiens, Péronne, Vitry, Maine, Anjou, Perche). V. *Etiam* Pothier, (succ. ch. v. art. 2, § 1).

3° Les dettes personnelles et mobilières étaient attachées par d'autres coutumes à la succession des meubles et acquêts et non pas des meubles seulement (v. cout. de Clermont en Beauvaisis, Valois, Senlis, Melun, Clermont en Lorraine, Montargis, Nivernais, Bourbonnais).

4° C'était l'origine de la dette qui, par application de la règle *paterna paternis materna maternis*, déterminait quels étaient ceux qui devaient la supporter, dans la coutume d'Auvergne (art. 17, 18, 19, ch. 12) et dans celle de la Marche dont les art. 235, 236 et 237, sont ainsi conçus : « ceux qui succèdent du côté paternel paieront les dettes et légots provenant dudit côté paternel. Ceux qui succèdent du côté maternel, paieront les dettes et légots provenant du côté maternel. Si le défunt a fait des dettes de son côté et qu'il délaisse aucuns meubles et acquêts, les parents du côté paternel qui succèdent esdits meubles et acquêts, sont tenus de payer les dettes faites par ledit défunt, si lesdits immeubles et conquêts sont suffisants ; *aliàs* les héritiers patrimoniaux paieront le reliquat *prorata.* » (v. Lebrun, succ. liv. IV, ch. 2, sect. 3, nº 15).

5º Mais, d'après les coutumes qui formaient le Droit commun de la France, le fardeau des dettes pesait également sur tous ceux qui, à un titre quelconque, héritier, successeur irrégulier, légataire ou donataire universel, prenaient une fraction du patrimoine, sans qu'on eût à rechercher l'origine de ces dettes ou à se préoccuper de leur nature (V. Lebrun, succ. liv. IV, ch. 2, sect. 3, nº 30 et surtout Pothier, int. au titre XVII de la cout. d'Orléans, nº 115).

La base de la contribution des héritiers était différente, suivant qu'ils succédaient également aux mêmes biens ou qu'ils succédaient à différentes espèces de biens, les uns aux meubles et acquêts, les autres aux propres. Dans le 1er cas, les héritiers contribuaient dans la proportion de leur part héréditaire, quel que fût leur émolument : l'aîné, considéré en principe comme un légataire par préciput, contribuait pour la même part que les puînés (v. cout. de Calais, Ribemont, Senlis, Paris (332), Etampes, Montfort l'Amaury, Mantes, Châteauneuf). — Dans le 2e cas, la contribution de chacun dans les dettes avait pour base la part proportionnelle qu'il recevait dans l'actif de la succession. Comme dans le cas précédent, l'aîné ne contribuait pas pour une plus grande part que les puînés (v. cout. de Calais, Laon, Châlons, Reims, Saint-Quentin, Chauny, Paris, (art. 334 et 335), Troyes, Vitry, Auxerre, Orléans (360), Berry).

Quant aux successeurs irréguliers, aux légataires et aux donataires universels, ils devaient supporter dans les dettes une part proportionnelle à celle qu'ils prenaient dans l'actif, sans jamais pouvoir être constitués en perte, s'ils avaient fait constater par un inventaire la valeur des biens qui leur étaient attribués.

Dans la pratique, on arrivait à la réalisation des règles que nous venons d'exposer au moyen de recours. Ainsi, si un héritier, par l'effet de l'hypothèque ou par une autre cause, par exemple, parce que la dette était indivisible ou avait été mise en entier à sa charge par la convention, avait payé la totalité d'une dette héréditaire, il pouvait recourir, soit contre ses cohéritiers seulement, soit contre ses héritiers et les autres successeurs universels avec lesquels il se trouvait en concours. Il convient cependant de remarquer que l'héritier dans le lot duquel avait été mis un immeuble grevé d'une rente foncière n'avait aucun recours à exercer à raison du paiement de cette rente (Pothier, succ. ch. v. art. I).

Le recours du *solvens* s'exerçait, soit par l'action personnelle de gestion d'affaires, soit par l'action du créancier désintéressé auquel il pouvait, en payant, demander la subrogation. Mais par l'une comme par l'autre action, il ne pouvait jamais demander à ses cohéritiers plus que leur part et portion héréditaire, alors même qu'ils étaient détenteurs d'immeubles hypothéqués à la dette. Par dérogation aux principes généraux en matière de subrogation, l'action hypothécaire avait, dans les rapports des cohéritiers entre eux, la limite même de l'action personnelle. Exemple : le débiteur d'une somme de 9,000 fr. garantie par une hypothèque sur deux immeubles était mort laissant 3 héritiers, Primus, Secundus, Tertius ; le créancier ne pouvait, par l'action personnelle, demander que 3,000 fr. à chaque héritier ; mais, par suite de l'indivisibilité du droit hypothécaire, il s'est fait payer la totalité, par Primus dans le lot duquel a été mis l'un des immeubles hypothéqués. Primus ne pouvait à son tour, alors même qu'il avait eu le soin de se faire subroger aux droits du créancier, demander que 3,000 fr. à chacun de ses cohéritiers. La raison juridique de cette disposition se trouve dans la garantie réciproque à laquelle donne naissance l'espèce d'association qui existe entre tous ceux qui sont appelés à une même succession. Cependant Pothier la faisait reposer sur une autre base :

d'après lui, si, dans l'espèce ci-dessus, Primus ne peut demander que 3,000 fr. à Secundus, c'est que, dans le cas où Secundus aurait payé au-delà, il aurait pu à son tour revenir contre
Primus (obl. n° 281, Int. à la cout. d'Orl. xx, 42, adde : Renus-
son, tr. de la subr. ch. 8 et Lebrun, succ. liv. iv, ch. 2,
sect. 3, n° 20). Mais alors que devient la règle *nemo contrà se
subrogasse censetur !* Primus est bien censé avoir transmis à
Secundus les actions qu'il avait contre Tertius ; mais il n'a
jamais entendu et il ne peut être censé les avoir cédées contre
lui-même. Le circuit d'actions dont parle Pothier ne peut donc
expliquer juridiquement la règle de la division du recours
admise déjà par notre ancienne jurisprudence, après de nom-
breuses controverses.

C'est sur la situation particulière que la succession crée aux
personnes qui y sont appelées, que Lebrun s'était basé pour
obliger le cohéritier créancier personnel de la succession à diviser son action hypothécaire dans la mesure de son action
personnelle à l'encontre de ses cohéritiers (v. *sup.* p. 75).

Dans ces deux cas, la perte résultant de l'insolvabilité de l'un
des cohéritiers se répartissait entre le *solvens* et les autres
héritiers solvables (Pothier, Int. à la cout. d'Orl. xx, 84).

CHAPITRE III.

DE L'INFLUENCE DU BÉNÉFICE D'INVENTAIRE SUR LE PAIEMENT DES DETTES HÉRÉDITAIRES.

I. Du bénéfice d'inventaire dans les pays de droit écrit. —
Dans ces pays, on a toujours suivi, sans aucune modification,
les dispositions de la C. 22. C. 6. 30. Le bénéfice d'inventaire
appartenait aux héritiers testamentaires comme aux héritiers *ab
intestat* ; il résultait encore de la simple confection d'un inven-

taire dans le délai fixé par la loi Romaine (V. Boutaric, Inst. de Just. liv. II. xix, § 5); Bretonnier sur Henrys, V. 4, q, 14; Denizart, V° Bénéf. d'Inv. n°ˢ 5, 6 et 7). On avait cependant cherché à introduire la nécessité des lettres royaux exigées dans les pays de coutumes, mais les Parlements s'étaient toujours refusés à rompre avec la tradition (V. ord. de 1697 et de 1704); enfin le bénéfice d'inventaire produisait les mêmes effets que dans le Droit Romain.

II. Du bénéfice d'inventaire dans les pays de coutumes. — Notre institution mit au contraire beaucoup de temps à s'établir dans ces pays. Ainsi, il faut aller jusqu'au XV siècle, pour avoir quelques données positives sur l'application du bénéfice d'inventaire, et ce n'est qu'à partir de l'année 1560 qu'il en est question dans presque toutes les coutumes rédigées.

Les héritiers *ab intestat*, ou plutôt, parmi ces héritiers, les héritiers réguliers pouvaient seuls invoquer le bénéfice d'inventaire. Cette faculté était formellement refusée aux successeurs irréguliers et aux légataires universels, qui ne représentaient pas la personne du défunt et par conséquent n'étaient pas tenus des *dettes ultrà vires*, ces derniers, par application de la règle *institution d'héritier n'a point lieu en France*, qui était généralement acceptée par notre ancien droit coutumier (Bourjon, *dr. com., de la Fr.* liv. v. tit. 9, p. 3, sect. 2, § 2, n° 16. — *Contrà* la C. de Metz (XI, art. 1), et celle de Berry (XIX, art. 9).

Pothier assimilait aux héritiers réguliers le conjoint et le donataire universel par contrat de mariage (Int. à la C. d'Orl. XVII n° 35 et app. §2, n° 23. Lebrun, succ. liv. III, ch. 4, n° 79). V. dans ce sens : cout. d'Auvergne (309); de la Marche (art. 249); de Bourbonnais art. 223) et celle de Nivernais (art. 29. xxxiv). Bourjon (Dr. com. de la Fr. liv. v, titre VII, p. 1, ch. 13, n° 3) et Ferrière (Dict. v. Bénéf. d'Inv.) mettaient, au contraire, ce dernier sur la même ligne que le légataire universel.

À la différence de ce qui avait lieu dans les pays de droit écrit, le bénéfice d'inventaire n'existait, dans les pays de coutumes, qu'autant qu'il avait été formellement accordé par lettres royaux délivrées en chancellerie et entérinées par le juge du lieu où la succession s'était ouverte. (V. Pothier, succ. ch. 3, sect. 3, art. 2, § 3 et Lebrun, succ. liv. 3, ch. 4, n° 2). Quelques coutumes accordaient cependant expressément le bénéfice d'inventaire et rendaient par là les lettres royaux inutiles (v. cout. de Bretagne, art. 514, tit. IV et d'Argentré, sur cet art. ; de Berry (art. 19 tit. 2), et de Sedan (art. 176, tit. 3). La loi des 7-11 Déc. 1790 (art. 21) abolit définitivement l'usage de ces lettres ; elles furent remplacées dans la pratique d'alors par une demande en justice.

L'héritier qui voulait user du bénéfice d'inventaire devait, de plus, faire dresser bon et fidèle inventaire des biens de la succession. Quelques coutumes fixaient le délai dans lequel cet inventaire devait être fait (v. cout. de Metz (XI, 5) ; de Gorze (X. 16) ; de Normandie (92) ; de Sedan (177) et du duché de Bouillé (XVII. 17). Mais ces dispositions étaient exceptionnelles ; en général aucun délai n'était marqué. Pothier pensait, en conséquence, que l'héritier pouvait toujours faire inventaire tant qu'il n'avait pas disposé des effets de la succession (succ. ch. 3, art. 2 § 3) ; d'après Ferrière, au contraire, la déchéance était encourue par le défaut d'inventaire dans les 3 mois qui suivaient l'acceptation bénéficiaire (Dict V° bénéf. d'inv).

Dans le principe, l'héritier pouvait être poursuivi par les créanciers héréditaires dès l'ouverture de la succession. L'ordonnance de 1667 (tit. VII art. 1.) avait modifié cet état de choses, en lui accordant un délai de 3 mois pour faire inventaire et de 40 jours pour délibérer. Après cette ordonnance, l'héritier pouvait encore être immédiatement poursuivi par les créanciers, mais il avait une exception pour ajourner, jusqu'à l'expiration du délai légal, les demandes formées contre lui.

Enfin, l'héritier bénéficiaire devait fournir caution pour la valeur du mobilier et des fruits (Lebr. Succ. liv. 3, ch. 4, n° 12).

Le bénéfice d'inventaire produisait en principe les mêmes effets que dans les pays de Droit écrit. Ainsi, l'héritier n'était tenu, envers les créanciers héréditaires et les légataires, que sur les biens de la succession dont il n'était que simple administrateur comptable ; il conservait tous les droits et actions qu'il pouvait avoir contre le défunt, et enfin, il pouvait s'affranchir du paiement des dettes, par l'abandon de tous les biens héréditaires aux créanciers et aux légataires (Pothier, suc. ch. 3, art. 3 §§ 6, 7 et 8). Nous devons cependant signaler les deux restrictions suivantes qui ont une grande importance : 1° L'héritier qui n'avait accepté que sous bénéfice d'inventaire pouvait être exclu par le parent, même d'un degré plus éloigné, qui offrait d'accepter purement et simplement la succession du défunt. Cette règle ne s'appliquait pas aux héritiers en ligne directe (v. Pothier, suc. liv. ch. 3, §§ 1, 2, 3, 4 et 5) ; 2° D'un autre côté, le bénéfice d'inventaire ne produisait pas effet à l'encontre de certains créanciers. Ainsi l'Ordonnance de Roussillon de 1563 (art. 16) ne permettait pas aux héritiers des comptables d'en jouir vis-à-vis de l'État, par cette belle raison, que le bénéfice d'inventaire était un privilége, et que le roi n'en souffrait pas contre lui. Cette règle avait été étendue aux héritiers majeurs des commis des comptables, en faveur des fermiers généraux qui tenaient la place du roi, et aux héritiers des receveurs de consignations, au regard des créanciers de dépôts (Pothier, suc. ch. 3, art. 2 § 9).

CHAPITRE IV.

DE L'INFLUENCE DE LA SÉPARATION DES PATRIMOINES SUR LE PAIEMENT DES DETTES HÉRÉDITAIRES.

La séparation des patrimoines créée par le Préteur romain, au profit des créanciers héréditaires, pour leur permettre de se mettre à l'abri du préjudice que pouvait leur causer l'insolvabilité de l'héritier appelé à recueillir les biens laissés par leur débiteur, était également admise, et par les pays de droit écrit et par les pays de coutumes. La coutume de Hainaut était la seule qui ne reconnut pas cette institution (v. Merlin, Rép. v° sép. des pat. Sect. 1.)

Mais, en passant dans notre ancien droit, elle avait subi des modifications importantes que nous allons rapidement indiquer :

1° Une première modification avait été apportée par l'usage, au point de vue des personnes qui pouvaient demander la séparation. En droit romain, ce droit n'appartenait qu'aux créanciers héréditaires; dans notre ancien droit , il était également reconnu aux créanciers personnels de l'héritier, soit dans les pays de droit écrit, soit dans les pays de coutumes. C'est ce que nous disent formellement : Domat qui traite la règle romaine de subtilité inutile (lois civiles, p. 213), le Président Espiart, Bourjon et Bretonnier. Lebrun s'était élevé avec force contre cette dérogation au droit romain (livre iv, ch. 2, sect. 1, n° 13); il était appuyé par Rousseau de Lacombe (jurisp. v° sép. n° 5), Henrys (tit. 1 ; liv. iv , q. 28) ; Despeisses (*des cont.* 3ᵉ p. 5, n° 12); Lemaistre (cout. de Paris, art. 335) , et par Pothier (succession); mais, comme il le remarque lui-même, l'usage contraire était plus fort.

2° D'un autre côté, on avait généralement repoussé, soit dans les pays de droit écrit, soit dans les pays de coutumes, la prescription de cinq ans admise par le droit romain comme entraînant déchéance du droit de demander la séparation, tant en matière immobilière qu'en matière mobilière : on décidait que les créanciers pouvaient demander la séparation tant que leur action principale n'était pas prescrite (Lebrun, suc. n° 24; Domat, lois civiles, liv. 3, sect. 2 n° 2, Ferrière). La prescription quinquennale avait cependant ses partisans : elle paraît s'être conservée assez longtemps dans les pays de droit écrit (Bernard Automne, conférence du dr. rom. avec la coutume), et Bourjon nous apprend que le Châtelet de Paris l'avait conservée pour les meubles. Il en était de même dans le Parlement de Bourgogne (Haviot, quest. 291).

3° De collective qu'elle était en droit romain, la séparation des patrimoines était devenue, dans notre ancien droit, individuelle, soit quant aux personnes qui pouvaient la demander ou à l'égard desquelles elles pouvaient l'être, soit quant aux biens (Loyseau, de l'act. hyp., liv. iii, ch. vii).

Mais, comment était-elle obtenue? Dans le principe, les créanciers devaient se pourvoir de lettres royaux, qui rappelaient le décret du Préteur, pour pouvoir former leur demande en séparation. Mais cette formalité fut plus tard négligée et finit même par être abandonnée, sans doute par les pays de droit coutumier d'abord, puis par les pays de droit écrit. C'est ce que constate Lebrun (liv. iv, ch. 2, sect. 1, n° 25). La séparation appartint dès ce moment, de plein droit, aux créanciers et aux légataires du défunt; ils n'eurent plus besoin de former une demande préalable : lorsque un bien de la succession était mis en vente, ils n'avaient qu'à se présenter et à demander à être colloqués de préférence aux créanciers personnels de l'héritier (V. Basnage, tr. des hyp. p. 61, et Lebrun. Succ. liv. ix, ch. 2, sect. 1, n° 24). Seulement, par la force de l'habitude, l'ancienne forme de langage fut conservée et l'on continua à parler, « de demande en séparation, de séparation obtenue du juge » quoiqu'une demande préalable ne fût plus indispensable.

4° On admettait communément que la séparation n'atteignait que les biens dont le défunt était propriétaire au moment de son décès; que les créanciers héréditaires n'avaient, en conséquence, aucun droit, sur les biens qui avaient été donnés par leur débiteur à l'un de ses héritiers, et que celui-ci était obligé de rapporter vis-à-vis de ses cohéritiers (v. Pothier, succ. ch. 5, art. 4; Lebrun, loc. cit. n° 28 et d'Héricourt, de la vente des immeub. ch. 2, sect. 2, n° 43).

5° Enfin, on avait généralement accepté, dans les pays de droit écrit et dans les pays coutumiers, le système enseigné par Papinien, relativement aux effets de la séparation par rapport à l'héritier.

L'héritier contre les créanciers duquel les créanciers héréditaires avaient demandé la séparation des patrimoines, conservait donc sa qualité : il pouvait, en conséquence, aliéner les biens dépendants de la succession et aucun droit de suite n'était reconnu aux créanciers par rapport à ces biens ; d'un autre côté, ceux-ci pouvaient, après avoir absorbé en entier tous les biens de la succession sans obtenir un paiement intégral, demander à l'héritier le reliquat de leurs créances, une fois que ses créan-

ciers personnels avaient été désintéressés. Telle était l'opinion
de Lebrun (suc. liv. 4, ch. 2, sect 1, n° 19), Pothier (suc. ch.
v, art. 4-Int. à la cout. d'Orl. xvii n° 127), Rousseau de Lacombe,
Ferrière (cout. de Paris, art. 383), Lemaistre (cout. de Paris,
335), et de Montvallon (succ. ch. 3, art. 17). Despeisses est le
seul qui ait soutenu le système de Paul, en se fondant sur les arguments que ce jurisconsulte donnait (des. cont. 3ᵉ p. tit. 2,
sect 5 n° 9.)

Du système suivi devait découler la conséquence suivante,
c'est que, dans le cas où il y avait plusieurs héritiers, la séparation des patrimoines demandée contre l'un d'eux ne faisait
point obstacle au principe de la division des dettes : la séparation des patrimoines ne modifiait nullement les rapports de l'héritier avec les créanciers héréditaires; elle établissait seulement,
sur les biens recueillis dans la succession, un droit de préférence au profit de ces derniers à l'encontre des créanciers personnels de l'héritier ; celui-ci n'était donc, malgré la séparation,
tenu que de sa part et portion dans les dettes, et il avait droit
aux biens qui restaient, une fois cette part payée.

Troisième Partie.

DROIT ACTUEL.

CHAPITRE PREMIER.

DES DETTES TRANSMISSIBLES ET INTRANSMISSIBLES.

Le principe du droit romain et de notre ancien droit se retrouve, dans notre droit moderne, dans l'art. 724 C. C. et dans l'art. 1122, ainsi conçu : « On est censé avoir stipulé (c'est-à-dire contracté) pour soi et pour ses héritiers et ayants cause. » Ainsi, les héritiers doivent, en principe, supporter toutes les dettes qui sont nées dans la personne de leur auteur, quels que soient leur objet, leur cause et l'époque de leur exigibilité; ils sont donc tenus des obligations dont le créancier, par suite de la convention, n'a jamais pu poursuivre l'exécution contre son débiteur, car nous avons établi que cette clause n'empêchait pas l'obligation de prendre immédiatement naissance, et nous ne trouvons, dans notre droit, aucune disposition qui, comme dans les premiers temps du droit romain, défende de promettre *post mortem suam*.

Ce principe comporte cependant quelques exceptions que nous allons indiquer :

— 88 —

1° Tout d'abord, relativement aux obligations nées *ex delicto* ou *quasi ex delicto defuncti*, il faut distinguer celles qui ont un caractère pénal de celles qui ont pour objet la réparation du dommage causé. Les premières s'éteignent toujours par la mort du débiteur, que la mort survienne avant toute poursuite ou seulement après l'introduction de la poursuite; les héritiers ne sont tenus de ces obligations que lorsqu'il y a eu condamnation prononcée contre leur auteur, et il importe de remarquer que, dans ce cas, l'exécution n'a jamais pu être poursuivie contre eux aussi rigoureusement que contre le délinquant lui-même. Au contraire, les obligations qui ont pour objet la réparation du dommage causé se transmettent aux héritiers du délinquant (Pothier, obl. n° 675).

L'art. 957 2° C. C. contient une application de cette règle : la révocation d'une donation pour cause d'ingratitude ne peut être demandée contre les héritiers du donataire, parce que c'est là une peine. — Mais l'action intentée contre le donataire peut-elle être continuée contre ses héritiers? L'art. 957 tranche, croyons-nous, la question dans le sens de la négative, contrairement à ce qui était décidé dans notre ancien droit. En effet, après avoir posé la règle que l'action en révocation ne passe ni aux héritiers du donateur, ni contre les héritiers du donataire, cet article n'apporte ensuite d'exception que pour la première hypothèse; il laisse donc la dernière sous l'empire de la règle prohibitive qu'il a posée. On objecte, que continuer une demande déjà intentée ce n'est pas demander la révocation, et que l'art. 957 ne prohibe que la demande. Mais c'est à tort évidemment, car la fin de notre article prouve que, dans la pensée du législateur, le mot *demander* s'applique aussi bien à la continuation de l'action qu'à son introduction, puisqu'il dit, que la révocation de la donation ne pourra être *demandée* par les héritiers du donateur, *à moins qu'elle n'ait été intentée par lui* (V. M. Demolombe, xx, n° 679. Demante, iv, 100 *bis* iv et v).

La solution est la même quand il s'agit de libéralités testamentaires : la révocation d'un legs, pour cause d'ingratitude, ne peut être demandée que contre le légataire (M. Demo., sur l'art. 1047, xxii, n° 293).

2° Parmi les obligations nées *ex lege*, nous en trouvons également d'intransmissibles. Ainsi , aux termes de l'art. 419 C. C. « La tutelle est une charge personnelle qui ne passe pas aux héritiers du tuteur ; ceux-ci seront seulement responsables de la gestion de leur auteur ».

Mais que doit-on décider relativement à la dette alimentaire ? Est-elle transmissible aux héritiers ou successeurs universels de celui qui en était tenu ? La question est très-controversée (V. M. Demo. iv, n° 40).

Une première opinion enseigne que l'obligation alimentaire passe toujours aux héritiers, lors même que les besoins de celui qui réclame n'étaient pas nés au moment du décès de celui qui pouvait en être tenu. Ses partisans raisonnent ainsi : la véritable cause de l'obligation de fournir des aliments, c'est la naissance du lien de parenté ou d'alliance, ou du devoir de reconnaissance (art. 955, 3°) ; le dénuement du créancier n'est qu'une condition qui en suspend la force juridique. Cette obligation est donc une charge de la succession de la personne qui s'y trouvait ou aurait pu s'y trouver soumise, et, comme telle, elle passe à ses successeurs universels (Delvinc. i, p. 85 , note 5. Dur. ii, n° 407; Proudhon, de l'usuf. iv, n°⁵ 1818, 1819). Cette opinion ne peut être acceptée : la cause génératrice de l'obligation alimentaire, c'est la nécessité, le dénuement du parent, de l'allié ou du donateur. Tant que cette nécessité ne s'est pas produite, l'obligation alimentaire n'a pas pris naissance ; elle ne saurait donc être transmise aux héritiers de celui qui pouvait en être tenu.

Aussi, d'après une deuxième opinion, qui compte plus de partisans, la dette alimentaire n'est pas transmissible aux héritiers quand elle n'est pas déjà née lors de la mort de leur auteur ; mais, quand cette condition est réalisée, rien ne s'oppose à la transmissibilité.

Seulement , les partisans de cette opinion ne s'entendent plus sur le point de savoir, quand la dette doit être considérée comme née, pour être transmissible héréditairement : 1° Pour les uns , la dette alimentaire n'a pris naissance et n'est transmissible qu'autant que son *quantum* a été fixé par un jugement ou par une convention (Vazeille II, 525, 526); 2° Pour les autres, elle passe aux héritiers, si seulement une demande en pension alimentaire a été dirigée contre leur auteur; 3° Enfin, d'autres se montrent moins rigoureux encore; ils n'exigent que la naissance des besoins du réclamant antérieurement à la mort de celui qui pouvait être tenu de l'obligation alimentaire.

Si nous avions à opter entre ces trois opinions, nous choisirions la dernière qui nous parait la plus logique, une fois qu'on a admis en principe la transmissibilité de l'obligation alimentaire. Il y a, en effet, comme le font remarquer MM. Aubry et Rau (3° éd. IV, § 553, texte et note 10), beaucoup de parents qui, sans jugement et sans traité, subviennent à l'indigence de leurs parents, et il résulterait des deux autres opinions, ce qui serait inique et irrationnel, que leur décès priverait de tout recours leurs parents malheureux.

Mais nous considérons comme plus juridique l'opinion enseignée par M. Demolombe, et consacrée par deux arrêts, l'un de la Cour d'Orl. du 24 nov. 1855 (Sir. 56, 2, 385), l'autre de la Cour de cass. du 8 juill. 1857 (Sir. 57, 1, 809). D'après cette opinion, l'obligation alimentaire est toujours éteinte par la mort du débiteur, lors même qu'elle aurait été reconnue et fixée par un arrangement amiable ou par un jugement. La dette alimentaire est, en effet, fondée sur la qualité des personnes entre lesquelles elle existe : vous n'avez pas le droit de demander une pension alimentaire à une personne par cela seul que vous êtes malheureux; il faut de plus que cette personne soit votre parente ou votre alliée à un degré très-rapproché, ou qu'elle soit liée à vous par la reconnaissance (art. 955 C. C.). Or, cette qualité, le devoir qu'impose la reconnaissance, ne sont pas transmis aux héritiers (arg. 957 C. C.). Ceux-ci ne peuvent donc être tenus de la dette alimentaire. D'un autre côté, aux termes de l'art. 207 C. C., la dette alimentaire est réciproque; or, personne n'admettra que le légataire malheureux ait droit à des aliments.

On objecte que cette solution est trop dure, qu'elle consacre une iniquité : comment admettre, dit-on, qu'un grand-père que son âge avancé met dans l'impossibilité de travailler puisse se trouver privé de tout droit à des aliments, parce qu'il a plu au petit-fils, qui seul pouvait lui en donner, de laisser tous ses biens à un étranger! Sans doute, ce résultat est bien rigoureux; mais qui en accuser, sinon la loi imprévoyante! Elle aurait dû donner à ces ascendants une réserve d'aliments.

Remarquons enfin, qu'une position aussi triste est faite aux frères et sœurs, et que la loi met elle-même fin à la dette alimentaire, bien que les besoins de celui à qui elle était servie existent encore (V. art. 206, 209, 301 C. C.).

3° Les obligations nées de contrats ou de quasi-contrats ne survivent pas non plus toutes au débiteur. L'intransmissibilité peut venir, pour les obligations nées *ex contractu*, d'une clause expresse ou tacite de la convention qui en limite les effets au débiteur (V. 1122 et 848, dans la matière des rapports), et pour les obligations auxquelles un contrat ou un quasi-contrat a donné naissance, de la nature même de leur objet qui leur donne un caractère tout à fait personnel : telle est la cause de l'extinction, par la mort de la personne obligée, des obligations résultant de la communauté entre époux (art. 1441, 1442), du louage d'ouvrage (1795), de la société (1865 5° et 1860), du commodat (1879), du mandat (2003 et 2010), de la gestion d'affaires (1373), et enfin, de la tutelle, dans le cas où elle peut être refusée.

Mais, remarquons-le bien, l'intransmissibilité ne s'applique qu'aux obligations que ces contrats ou quasi-contrats pouvaient produire dans l'avenir. Si le débiteur, faute de satisfaire aux obligations qui lui incombaient, a été condamné à des dommages-intérêts, cette obligation, qui succède à son obligation principale et originaire, passe à ses héritiers (Pothier, des Obl., n. 675).

Maintenant que nous savons quelles sont les dettes qui ne s'éteignent pas avec le débiteur, voyons quels successeurs en sont tenus et dans quelle mesure les créanciers héréditaires peuvent agir contre eux.

CHAPITRE II.

DU DROIT DE POURSUITE DES CRÉANCIERS HÉRÉDITAIRES.

Le principe de la matière nous est connu ; nous l'avons déjà vu, en étudiant la contribution aux dettes dans le droit romain, et le droit de poursuite et la contribution dans le droit commun de la France coutumière ; il se formule ainsi : Les dettes grèvent tout le patrimoine et non chacun des objets qui le composent ; les créanciers peuvent donc poursuivre tous ceux qui prennent une fraction de ce patrimoine, mais ils n'ont aucune action contre ceux qui ne prennent que des objets particuliers.

§ Ier. — L'art. 871 C. C. décide, en conséquence, que le légataire particulier n'est pas tenu des dettes et charges de la succession. Cette règle comporte cependant des exceptions : 1° lorsque le legs à titre particulier a pour objet une universalité (par exemple une succession échue au testateur ou la part à laquelle il pouvait prétendre dans une communauté), nous verrons plus loin que ce successeur est tenu de contribuer aux dettes ; or, comme il est de principe dans notre droit, que le droit de poursuite est toujours au moins égal à la contribution, les créanciers pourront agir contre ce légataire pour les dettes grevant l'universalité léguée, sauf au légataire à se décharger de toute poursuite par l'abandon des biens recueillis. 2° D'un autre côté, comme l'indique la fin de notre art. 871, le légataire particulier peut, par application des principes généraux, être poursuivi par le créancier qui a une hypothèque sur le bien légué ; sa position est celle d'un tiers détenteur ordinaire : n'étant pas tenu personnellement des obligations de son auteur, il peut délaisser, procéder à la formalité de la purge, ou opposer le bénéfice de discussion, si les conditions de l'art. 2170 C. C. se trouvent réunies.

Cependant cette solution n'est pas admise par tout le monde, en ce qui concerne la purge.

Quelques-uns refusent d'une manière absolue ou légataire à titre particulier la faculté de purger, en se fondant sur ce que la reconnaissance de ce droit lui permettrait de réaliser au bénéfice, au préjudice des créanciers héréditaires, en les mettant dans l'impossibilité de surenchérir par une offre d'un peu moins au-dessous du 1/10e de la véritable valeur de l'immeuble qui lui a été légué. Par exemple, si l'immeuble légué vaut 40,000 fr., il n'aura, dit-on, qu'à offrir 38,000 fr. pour que les créanciers hypothécaires ne fassent pas de surenchère, puisqu'en la faisant ils devraient s'obliger à faire élever le prix à 41,800 fr. et s'exposeraient, à défaut d'amateurs, à garder le bien pour un prix supérieur de 1,800 fr. à sa véritable valeur, de telle sorte qu'il gardera la différence de valeur, alors peut-être que les créanciers n'ont pas été entièrement désintéressés.

D'après M. Labbé (Revue critique VIII p. 217 et s.), il faut, pour savoir si le légataire à titre particulier peut purger, distinguer suivant que, déduction faite de l'immeuble légué, les biens héréditaires sont ou non suffisants pour l'extinction du passif. Dans le 1er cas, le légataire doit être admis à la purge ; son legs est en effet parfaitement valable, puisqu'il porte sur un bien disponible ; mais il ne peut purger quand les valeurs qui restent dans la succession ne suffisent pas pour désintéresser tous les créanciers : « Dans ce cas, dit M. Labbé, les créanciers répondront aux notifications du légataire par une demande en nullité et en rapport du legs. Le legs a été mal à propos délivré. Il n'y avait pas dans la succession d'actif libre sur lequel il pût s'exécuter en entier. Le *de cujus* n'avait pas le droit d'être libéral avant d'être libéré et de faire passer ses affections avant ses devoirs. Le légataire n'est pas en réalité propriétaire en présence des créanciers en souffrance. Voilà pourquoi il ne peut pas purger. »

Aucune de ces deux opinions ne nous paraît juridiquement vraie et nous persistons à croire, que le légataire à titre particulier n'étant pas tenu personnellement du paiement des dettes, peut, comme un tiers détenteur ordinaire, procéder à la purge des hypothèques qui grèvent l'immeuble qui lui a été légué : Il est certain d'abord que la constitution d'hypothèque n'enlève pas au débiteur la faculté d'aliéner, soit à titre onéreux, soit à titre gratuit ; d'un autre côté, la loi n'ayant pas, dans le cas d'acceptation pure et simple de la succession, déterminé l'ordre dans lequel les créanciers héréditaires et les légataires doivent être payés, la délivrance des legs est valablement faite avant que les premiers soient desintéressés. Si la délivrance est valable, les créanciers ne peuvent la contester une fois qu'elle a eu lieu ; ils ne peuvent qu'exercer les droits que leur confèrent leurs hypothèques, c'est-à-dire surenchérir de 1/10e, s'ils trouvent que l'estimation faite par le légataire n'est pas en rapport avec la véritable valeur de l'immeuble et leur préjudicie. S'ils ne surenchérissent pas, c'est qu'ils considèrent cette estimation comme exacte, ou du moins, comme ne s'écartant que très-peu de la valeur de l'immeuble, et alors ils n'ont pas le droit de se plaindre, car ils ne peuvent demander à la loi de les mettre à l'abri de tout préjudice, quelque minime qu'il soit, toute évaluation d'immeuble présentant toujours la plus grande incertitude. 3° Enfin, le légataire universel ou à titre universel de l'usufruit, qui n'est qu'un successeur à titre particulier, est tenu du paiement des dettes, en vertu des art. 612 et s. C. C.

§ II. Pour exposer les règles du droit de poursuite des créanciers héréditaires contre ceux qui prennent une fraction du patrimoine, il convient de distinguer différentes hypothèses, selon la qualité et le nombre des successeurs appelés à recueillir la succession.

I. La première, la plus facile par rapport au paiement des dettes, c'est celle où un seul héritier est appelé à recueillir toute la succession et l'accepte purement et simplement. Dans ce cas, pas de complication : l'héritier est le continuateur et le représentant de la personne du défunt ; il succède en conséquence à tous ses droits, tant actifs que passifs, et devient *personnellement* débiteur de toutes ses dettes. Les biens de la succession et ses biens propres ne forment plus qu'un seul patrimoine sur lequel les créanciers du défunt désormais les siens, peuvent poursuivre, immédiatement après l'ouverture de la succession, le paiement de leurs créances, sans s'inquiéter de la portion dont ce patrimoine a été augmenté par la succession. Il y a, en un mot, confusion complète entre le patrimoine du défunt et celui de son héritier.

De là découlent les conséquences suivantes :

1° L'hypothèque générale, qui résulte (2123. C. C.) des jugements qui sont obtenus contre l'héritier par les créanciers de la succession, frappe nécessairement tous ses biens, tant les biens qu'il avait avant la succession que ceux qu'il a recueillis. (V. Cass. 18 nov. 1833, D. 1833. 1, 353 et une note de M. Dalloz. MM. Aubry et Rau, v. p. 353, 354 ; et M. Demo. , xvii. n° 65 contrà, Cass. 19 fév. 1818).

2° Les créanciers du *de cujus* conservent tous leurs droits contre l'héritier, lors même qu'il aliène la succession à titre onéreux ou à titre gratuit (780.C.C.), *semel heres semper heres.* Dans ce cas, ils n'ont même pas d'action directe contre l'acquéreur, car il ne représente pas la personne de leur débiteur; ils ne peuvent agir contre lui qu'en exerçant les droits et actions de l'héritier (art. 1166 et 1698, C. C.).

3° L'héritier peut opposer aux créanciers héréditaires toutes les exceptions que pouvait faire valoir contre eux leur débiteur primitif. Ainsi, l'héritier d'une personne qui avait contracté une obligation pendant sa minorité, ou d'une femme mariée qui s'est obligée sans autorisation de son mari ou de justice, peut opposer aux créanciers la cause de nullité ou de rescision dont ces obligations sont entachées (art. 225 et 1125,C. C.).

On a cependant beaucoup discuté la question de savoir si l'héritier d'une femme, qui s'était mariée sous le régime dotal sans aucune modification, peut s'opposer à l'exécution, sur les biens dotaux, des engagements valablement contractés par celle-ci pendant son mariage. L'affirmative nous paraît préférable; (Aubry et Rau, iv, § 538, texte et note 15 et § 539, texte et note 17)

« l'opinion contraire ne tient aucun compte des règles spéciales du régime dotal dont l'objet essentiel est de faire retrouver à la femme (ou à ses héritiers) sa dot franche et libre de tous engagements antérieurs, au moment de la dissolution du mariage. » (V Cass. 16 déc. 1846 — 30 août 1847 et 24 nov. 1855).

4° Le paiement des dettes de l'hérédité peut et doit être poursuivi contre l'héritier de la même manière que contre le défunt; les créanciers jouissent contre lui des mêmes moyens d'exécution que contre le *de cujus* (art. 342 et s. P. C). Il n'en était pas ainsi dans notre ancien droit : les actes exécutoires contre le défunt ne pouvaient être exécutés contre l'héritier, qu'autant que celui-ci s'était reconnu débiteur en souscrivant un titre recognitif ou que les créanciers avaient fait déclarer exécutoires contre lui l'acte ou le jugement exécutoire contre son auteur : « *le mort exécute le vif, mais le vif n'exécute pas le mort* » disait-on, (V. Loysel, inst. cout. liv. vi, tit. v, règle ii, n° 89) ou encore, « *toutes exécutions cessent par la mort de l'obligé* » (art.433, cout.d'Orl.et 168 de la C. de Paris. Poth. succ. ch. v, art. 4).

Seulement, comme l'héritier peut n'avoir pas connaissance des obligations du défunt, ses créanciers ne peuvent poursuivre contre lui , soit sur ses biens personnels , soit sur les biens de la succession, l'exécution de ces titres , que huit jours francs après leur signification à personne ou à domicile. Et, comme en procédure rien ne peut suppléer aux formalités exigées pour rendre un acte exécutoire, on doit décider que la connaissance personnelle que l'héritier a pu avoir des titres ne peut tenir lieu de la signification requise. (MM. Aubry et Rau, V. p. 194, arrêt de la C. de Paris du 3 sept. 1829, D. 1830 ; 2, 289. V. contrà, arrêt de la C. d'Angers du 21 mars 1834, D. 34, 2, 230).—Une signification préalable n'est requise que pour les actes d'exécution (877), et non pour les actes simplement conservatoires. Dès lors, un commandement à fin de saisie-immobilière peut avoir lieu sans cette formalité, ou plutôt, il peut être réuni dans un seul et même acte avec la signification prescrite par notre article, car ce n'est là qu'un acte conservatoire, en tant qu'on l'envisage comme interruptif de prescription. En effet, aux termes de l'art. 2144, C. C. le commandement seul peut interrompre la prescription : la signification exigée par l'art. 877, n'a pas, de l'aveu de tous les auteurs, ce caractère ; or, si nous supposons la prescription sur le point de s'accomplir, n'y aurait-il pas in-justice à contraindre le créancier à attendre huit jours pour faire commandement dans ce but ? (V. M. Demo., XVII ; n° 57. Cass. 22 mars 1832. D. 32, 1, 160 ; *contrà* arrêt de la C. d'Alger du 31 oct. 1864, Sir. 65, 2, 76. Chauveau sur Carré, lois de la Proc. q. 2200. Chabot, art. 877 n° 2). — L'art. 877 ne fixant aucune époque, on doit en conclure que la signification qu'il exige peut avoir lieu, même pendant les délais pour faire in-ventaire et délibérer ; nous croyons même, mais la question est controversée, que l'exécution peut être poursuivie sur les biens de la succession avant l'expiration de ces délais, sauf pour l'hé-ritier la faculté d'y former opposition et d'y faire surseoir par le Tribunal (arg. art. 797 ; V. M. Demo, XIV, n° 284. — Bordeaux 30 juil. 1834. Sir. 1834, 2, 688. Angers, 17 août 1848. Sir. 48, 2, 751).

5° Les droits de créance que l'héritier pouvait avoir contre le défunt ou le défunt contre l'héritier sont éteints par confusion (art. 1300 C. C.).

6° L'héritier détenteur d'un immeuble hypothéqué par le dé-funt, ne peut ni délaisser, ni purger, ni opposer l'exception de discussion, si ce dernier ne pouvait user de ces moyens (V. art. 2167, 2170 et 2172, C. C.).

7° Enfin, quelques auteurs ont encore conclu de la représen-tation de la personne du défunt par l'héritier, que les hypothèques générales qui grèvent les biens du défunt s'étendent sur ceux de ce dernier (V. Delv. II, p. 164. M. Dalloz. v° suc. p. 445. Zach. § 617 texte et note 5). Mais cette opinion ne nous paraît pas exacte et nous lui préférons celle qui limite les hypothèques générales aux biens laissés par le défunt. Celle-ci a, en effet, pour elle, le droit romain (Fr. 29, D. 20, 1), notre ancien droit coutu-mier (Loysel, inst. cout. liv. 3, tit. 7 règ. 21 ; Bacquet, des dr. de Just. ch. 21, n° 170 et 171 ; Ricard, des don. part. 2, ch. 1. n° 31 et 32), et aussi, croyons-nous, les art. 2122, 2123, 2148 2° et 2149, C. C. ; elle se justifie de plus parfaitement au point de vue rationnel, comme le démontrent MM. Aubry et Rau (V. § 617, note 7).

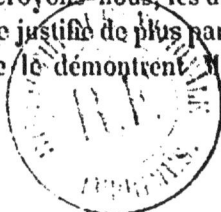

7

Le principe que l'héritier pur et simple est tenu des dettes du défunt sur tous ses biens présents et à venir, peut être modifié, c'est-à-dire restreint ou étendu, par le régime matrimonial adopté par cet héritier. Nous nous bornerons à l'examen des clauses qui se rencontrent le plus fréquemment dans la pratique.

1° Si la succession est dévolue à une femme mariée sous le régime de la séparation de biens (art. 1536 et s., C. C.) le droit de poursuite des créanciers héréditaires ne reçoit aucune modification : ceux-ci pourront agir tant sur les biens propres de la femme que sur les biens de la succession, sans qu'on ait à rechercher si la femme a accepté avec l'autorisation de son mari ou avec celle de justice.

2° Mais cette distinction devient nécessaire si nous spposons la femme héritière mariée sous le régime exclusif de communauté (art. 1530-1535 C. C.). Lorsqu'elle accepte la succession avec l'autorisation de son mari, les créanciers héréditaires ont droit de poursuite sur les biens de la succession et sur la pleine propriété des propres de la femme : le mari, en autorisant sa femme, est censé avoir renoncé au droit d'usufruit que la loi lui donne (1530) ; si la femme se fait autoriser par justice, les créanciers de la succession ne peuvent agir que sur la nue-propriété des propres : ils doivent respecter le droit du mari.

3° Lorsque la femme héritière est mariée sous le régime dotal, qu'elle ait accepté la succession avec l'autorisation de son mari ou avec celle de la justice, les créanciers héréditaires ne peuvent poursuivre le recouvrement de leurs créances, ni sur les biens dotaux, ni sur les revenus de ces biens, même après la dissolution du mariage, soit contre la femme, soit contre ses héritiers (v. p. 95). Leur droit d'action s'exerce sur les paraphernaux de la femme et sur la pleine propriété de tous les biens qui dépendent de la succession, encore que la femme n'ait accepté qu'avec l'autorisation de justice et qu'elle se soit constituée en dot tous ses biens présents et à venir, car le droit de gage qui compète aux créanciers du défunt sur les biens héréditaires ne peut recevoir aucune atteinte du régime matrimonial sous lequel est mariée l'héritière. On controverse encore seulement la question de savoir si les époux peuvent vendre, sans autorisation de justice, les immeubles de la succession pour payer les créanciers héréditaires. Un arrêt de la C. de Paris du 18 déc. 1849. (Sir. 50, 2, 97) a décidé l'affirmative. L'opinion contraire nous paraît cependant préférable : lorsque le femme, en adoptant le régime dotal, s'est constituée en dot ses biens à venir, les immeubles qui lui adviennent par succession sont frappés immédiatement de dotalité; leur aliénation ne peut donc avoir lieu qu'en remplissant les conditions imposées par le contrat de mariage (Montp. 3 janv. 1852. Sir. 54, 2, 117). Cette solution reste vraie même dans le cas où le contrat de mariage a permis l'aliénation, mais sous condition de remploi, parce que le paiement des dettes affectant ces immeubles ne saurait être considéré comme un remploi (MM. Aubry et Rau, IV, § 537, note 105).

4° Quand l'héritier est marié sous le régime de la communauté légale, il faut, pour régler le droit de poursuite des créanciers héréditaires, distinguer suivant que la succession est échue au mari ou à la femme.

a) Quand la succession est échue au mari et que celui-ci l'accepte purement et simplement, les créanciers héréditaires ont droit de poursuite : 1° sur les biens de la succession, 2° sur les propres du mari et 3° sur les biens de la communauté, car il est de principe que la communauté est obligée quand s'oblige le mari, son administrateur légal.

Quand on ne s'occupe que du droit de poursuite des créanciers, on n'a pas à se préoccuper, on le voit, de la nature de la succession. La nature des biens ne doit être prise en considération que pour régler les rapports des conjoints entre eux, la contribution aux dettes.

b) Quand la succession est échue à la femme, il faut sous distinguer suivant qu'elle l'accepte avec l'autorisation de son mari ou celle de justice.

1° Dans le premier cas, on doit appliquer, en règle générale, les principes que nous venons d'indiquer relativement aux successions échues au mari. Les créanciers héréditaires ont action contre : 1° les biens de la succession, 2° ceux de la femme, en pleine propriété, 3° les biens de la communauté et 4° ceux du mari. — Il y a une dérogation dans le cas cas où la succession est purement immobilière. Lorsqu'une pareille succession est acceptée par la femme avec l'autorisation de son mari, les créanciers héréditaires n'ont pas d'action contre lui ou contre la communauté ; on applique la règle : *qui auctor est non se obligat.* Mais, d'un autre côté, leur droit de poursuite atteint la pleine propriété des propres de la femme ; on considère l'intervention du mari comme une renonciation, au profit des créanciers héréditaires, au droit d'usufruit, qui appartient à la communauté (1401 3º C. C.).

2º Quand la femme n'accepte qu'avec l'autorisation de la justice, les créanciers héréditaires ont action sur la nue-propriété des propres de la femme et sur la pleine propriété des biens de la succession ; ils ne peuvent agir contre le mari ou la communauté, excepté dans le cas où la succession étant purement mobilière ou mixte, le mari n'a pas fait constater par un inventaire régulier la consistance du mobilier héréditaire (art. 1416).

Les règles que nous venons d'exposer, sous ce dernier numéro, supposent évidemment une acceptation pure et simple de la succession. En cas d'acceptation bénéficiaire, la communauté et les époux jouissent de tous les avantages attachés à ce mode d'acceptation : les créanciers héréditaires n'ont action que sur les biens composant la succession.

Après la dissolution du mariage, les époux restent personnellement tenus pour le tout des dettes qui grevaient les successions qui leur sont échues (1484-1486), alors même qu'elles sont tombées dans la communauté ; mais la femme peut-elle être poursuivie pour la moitié des dettes grevant les successions purement immobilières échues au mari et qui pouvaient, pendant la communauté, être poursuivies contre cette dernière ? La question est controversée, mais nous admettons sans hésiter la négative.

5º Les règles du droit de poursuite des créanciers héréditaires se trouvent déterminées par ce qui précède dans le cas où les époux sont mariés sous le régime de la communauté réduite aux acquêts (1498).

a. Lorsque la succession est échue au mari et que celui-ci l'accepte purement et simplement, les créanciers héréditaires ont le droit d'agir, comme dans le cas de communauté légale, tant sur les biens de la succession et sur ceux du mari, que sur ceux de la communauté.

b. Lorsque la succession est échue à la femme, le droit de gage des créanciers héréditaires est limité : 1° à la pleine propriété ou à la nue-propriété des propres de celle-ci, suivant qu'elle a accepté la succession avec l'autorisation de son mari ou de justice et 2° aux biens héréditaires. Ils n'ont aucune action contre la communauté, si le mari a eu le soin de faire inventorier le mobilier échu à sa femme ; mais, à défaut d'inventaire, ils peuvent agir tant contre la communauté que sur le mobilier non inventorié du mari (art. 1510, 2° et 3° anal.).

Ainsi, quand le défunt ne laisse qu'un seul héritier, il ne peut s'élever de grandes difficultés relativement au droit de poursuite des créanciers héréditaires : l'héritier prend purement et simplement la place du défunt et les créanciers peuvent exercer contre lui tous les droits qu'ils pouvaient exercer contre leur débiteur primitif.

II. Mais quelle est la position des créanciers héréditaires quand la succession est dévolue à plusieurs héritiers *ab intestat* qui l'acceptent purement et simplement ; quelle est la mesure de leur droit de poursuite ?

A. Nous avons vu qu'il serait conforme aux vrais principes que chaque héritier pût être poursuivi pour la totalité des dettes, mais que cette règle avait été répudiée par le droit romain et par presque tout notre ancien droit. Le législateur de 1804 n'a fait que consacrer la règle généralement suivie : en principe, toute dette ayant pour objet une chose divisible, se divise de plein droit, *à die mortis*, entre tous les héritiers du débiteur ; chacun d'eux ne peut être poursuivi que pour une part, et il est à peine besoin d'ajouter, après les développements que nous venons de donner, que chaque héritier représentant la personne du défunt est tenu *ultrà vires* de la portion de dettes qui lui incombe et que le paiement de cette portion peut et doit être poursuivi contre lui de la même manière que contre le défunt (art. 877 C. C.).

Quelle est la base de la division? D'après l'art. 1220, C. C. « Les héritiers du débiteur ne sont tenus de payer les dettes que pour les parts dont ils sont saisis ou dont il sont tenus comme représentant le débiteur »; au contraire, d'après l'art. 873, C. C., c'est-à-dire d'après la disposition même qui règle l'obligation des héritiers, à la section du paiement des dettes, les héritiers seraient tenus *pour leur part et portion virile*, ce qui est bien différent, car la portion virile se détermine par le nombre des héritiers appelés, *pro numero virorum*, tandis que la portion héréditaire est déterminée par la quotité que chacun recueille dans la succession, à titre d'héritier (Ex. 748, 749 et 751, C. C.). — Mais tout le monde s'accorde à reconnaître que les expressions de l'art. 873 sont inexactes et doivent être corrigées à l'aide de l'art. 1220. Cette inexactitude de rédaction est due sans doute au souvenir de l'ancien droit qui, dans une hypothèse que nous avons examinée (V. *sup.* p 71), divisait *pro numero virorum* le droit de poursuite des créanciers du défunt contre les héritiers. Peut-être encore, les rédacteurs du Code ont-ils considéré les expressions part virile et part héréditaire comme synonymes. Cette confusion se trouve, en effet, déjà dans Bourjon (dr. com. de la Fr. part. 2, Ch. 12, n° 2); dans une annotation d'Espiart sur Lebrun (suc. liv. ıv, Ch. 2, sect. 1, n° 10), dans la loi du 8 janvier 1790 (art. 8) et dans une instruction ministérielle du même jour sur cette loi. C'est ainsi que l'art. 1475 parle de la portion virile et héréditaire, dans une hypothèse où il s'agit évidemment de la portion pour laquelle la succession est déférée à chaque héritier.

Quoi qu'il en soit sur ce point, il reste bien acquis que la division a pour base la part héréditaire de chaque héritier, c'est-à-dire, la part que chaque héritier est appelé à recueillir dans la succession à titre d'héritier. Si nous supposons, par exemple, deux fils appelés à recueillir la succession de leur père, chacun d'eux sera tenu des dettes pour moitié, alors même que l'un d'eux aurait été gratifié par le père d'un legs particulier ou que, par l'effet du partage, il n'aurait pas reçu ce à quoi il avait droit.

Ce principe de la division est absolu. Il s'applique non seulement au cas où le partage a lieu par têtes, mais encore à celui où il s'opère par souches. C'est ce que fait remarquer Pothier (succ. ch. v, art. 3, § 2) : « lorsque plusieurs enfants succèdent par représentation de leur père ou mère, ils ne sont héritiers chacun que pour la portion qu'ils ont dans la portion de la personne qu'ils représentent. C'est pourquoi ils ne sont chacun tenus des dettes que pour leur portion dans cette portion. Fingé : une personne laisse pour héritiers deux frères et quatre neveux par représentation d'un troisième frère : chacun de ces neveux ne sera tenu des dettes que pour 1/4 dans le tiers, c'est-à-dire pour 1/12. »

Si l'un des héritiers meurt avant d'avoir acquitté sa part dans les dettes de la succession, il transmet son obligation à ses propres héritiers et la part dont il était tenu personnellement se répartit entre tous ceux-ci, proportionnellement à la part héréditaire de chacun d'eux (Chabot, art. 873 n° 24).

Notre règle s'applique, alors même qu'un des héritiers a été chargé soit par le titre constitutif de la dette, soit par un titre postérieur, de l'acquitter en totalité. Le créancier peut bien se prévaloir de cette disposition, pour poursuivre pour le tout l'héritier désigné dans la convention ou dans le testament, mais il peut aussi, s'il le préfère, agir contre chacun des héritiers pour sa part et portion.

Les résultats du partage sont également sans aucune influence, à l'égard des droits des créanciers, sur le principe de la division des dettes entre les héritiers (MM. Aubry et Rau v. p. 359). En effet, *nomina non veniunt in judicio familiæ erciscundæ* (Fr. 2 § 4, Fr. D. 10 2), la division des dettes s'opère de plein droit dès l'ouverture de la succession ; le partage est donc pour les créanciers *res inter alios acta*, il ne peut modifier la position qui leur est faite par la loi. Seulement, ils peuvent, comme dans l'hypothèse précédente, accepter les résultats du partage, et poursuivre, en vertu de l'art. 1166 C C., l'héritier qui aurait été chargé d'une fraction du passif supérieure à sa part, dans la mesure de cette fraction.

Il importe cependant de remarquer, avec Pothier (obl. n°° 318 et s) que, malgré la division, la dette reste une. De là la conséquence suivante : si les divers héritiers du débiteur primitif m eurent avant d'avoir payé lesparts qui leur incombent dans la dette, laissant un héritier unique qui les représente tous, celui-ci ne pourra offrir et payer séparément la part afférente à chacun de ses auteurs ; car, bien qu'il y ait plusieurs hérédités distincte s à l'égard desquelles il représente plusieurs personnes, la vérité est qu'il y a toujours une seule et même dette, qu'il n'y a actuellement qu'un seul débiteur et que cette obligation, qui a toujours été une, cesse d'être divisée du moment que toute cause accidentelle de division a disparu. Cependant, par application des principes généraux, la division de la dette persiste, 1° dans le cas ou l'une des successions n'a été acceptée que sous bénéfice d'inventaire, car alors le débiteur recueille des portions à des titres divers ; 2° dans le cas où l'un des héritiers primitifs avait fait novation avec le créancier de la part de dette qu'il devait payer ; cette partie constituant une obligation nouvelle, le débiteur pourra l'offrir séparément.

Du principe de la division des dettes entre les héritiers résultent les conséquences suivantes :

1° Le créancier ne peut poursuivre chacun des héritiers de son débiteur que pour sa part et portion et obtenir condamnation que pour cette part. D'où : quand tous les héritiers sont compris dans la même demande, il y a en réalité autant de demandes que d'héritier s, et dès lors, le jugement qui statuera sur ces demandes sera ou non susceptible d'appel, suivant que la somme due par chaque héritier dépassera ou non le taux du dernier ressort, sans qu'on ait à s'inquiéter du montant de la demande collective (Douai, 25 av. 1855, Dev. 55. 2. 783. ; Poitiers, 6 déc. 1855 Dev. 56. 2. 555 ; Cass. 6 déc. 1856. D. 56. 1. 389).

2° La demande dirigée contre l'un des héritiers n'interrompt la prescription que pour la part de ce dernier (art. 2249).

3° Si l'un des héritiers n'exécute pas l'obligation, lui seul peut être condamné à des dommages-intérêts.

4° Si une clause pénale a été jointe à l'obligation, dans le but d'en assurer l'exécution, elle n'est encourue que par l'héritier qui n'exécute pas et seulement dans les limites de sa part et portion (art. 1233).

5° Les dettes dont l'un des héritiers peut être tenu envers la succession, de même que les créances qu'il peut avoir contre le défunt, ne s'éteignent par confusion que jusqu'à concurrence de sa part héréditaire (art. 1300).

6° De notre principe et de la nature purement déclarative des jugements, il résulte encore que lorsque plusieurs personnes sont condamnées conjointement en qualité de cohéritières, chacune d'elle n'est tenue de la condamnation que dans la proportion de sa part héréditaire (Colmar, 23 décembre 1810).

7° Enfin, si l'un des héritiers devient insolvable, la perte retombe sur le créancier et non sur ses cohéritiers qui ne peuvent jamais être poursuivis que pour leur part et portion, alors même qu'ils auraient encore entre leurs mains des valeurs provenant de la succession (arg. 873, C. C. et Poth., obl. n° 310).

Cette dernière conséquence n'est pas acceptée par tout le monde.

a. D'après quelques auteurs, les immeubles de la succession seraient grevés en faveur des créanciers héréditaires, comme ils le sont en faveur des légataires, d'une hypothèque légale qui les atteindrait dès l'ouverture de la succession, pour la garantie du paiement des dettes. Le créancier pourrait donc, si l'un des héritiers est insolvable, poursuivre hypothécairement les autres sur les immeubles mis dans leur lot, sauf recours de ces derniers contre l'insolvable. Ces auteurs fondent leur opinion sur les termes de l'art. 873 qui déclare les héritiers tenus hypothécairement pour le tout, sans distinguer si le créancier avait déjà une hypothèque ou non ; et ils font remarquer à l'appui : d'une part, que cet article est conçu dans les mêmes termes que l'art. 1017 C. C. qui établit incontestablement une hypothèque légale au profit des légataires bien moins dignes de faveur que

les créanciers ; d'autre part, que cette hypothèque est fondée
en raison : les créanciers du défunt n'avaient, en effet, accordé
leur confiance qu'à leur débiteur et non à ses héritiers avec lesquels ils n'ont point contracté; ils ont donc besoin d'une garantie quand ces derniers s'emparent de leur gage et acquièrent le
droit d'en disposer. Telle était , comme nous l'avons vu , la
jurisprudence normande et la cour de cassation semble bien
avoir admis cette doctrine dans un arrêt de rej. du 9 janv. 1827
d'après lequel « il résulte de la possession des immeubles de la
succession, une sorte de solidarité ou indivisibilité hypothécaire ».

Ce n'est pas là, croyons-nous, le sens de l'art. 873 ; les mots
« hypothécairement pour le tout », ne doivent s'entendre que du
cas où la créance était, avant le décès, garantie par une hypothèque. Ils trouvent, en effet, leur interprétation dans la législation antérieure. D'après les art. 333 de la cout. de Paris et 358
de la cout. d'Orléans , les héritiers étaient tenus hypothécairement pour le tout, mais seulement s'ils étaient détenteurs d'immeubles qui aient appartenu au défunt et qui aient été hypothéqués à la dette par le dit défunt. Pothier nous dit également
(suc. ch., v. art. 4), que si un héritier peut être poursuivi
hypothécairement, ce n'est pas par tous les créanciers de la succession et à raison de la possession de tout immeuble dépendant
de celle-ci, mais seulement par les créanciers « ayant l'action
hypothécaire contre l'héritier qui possède quelque immeuble de
la succession sujet à leur hypothèque ». Si les rédacteurs du
Code avaient voulu s'écarter de la doctrine enseignée par Pothier,
peut-on admettre qu'ils l'eussent fait par trois mots placés au
milieu d'un article? Par cette formule « personnellement... et
hypothécairement pour le tout », ils ont voulu seulement mettre
en regard de l'obligation personnelle celle qui était garantie par
une hypothèque contre le défunt lui-même. On objecte que
l'art. 1017 qui accorde aux légataires une hypothèque légale
sur les biens de la succession ne s'exprime pas autrement que
l'art. 873, C. C.; mais cette objection tombe à la simple lecture des
deux articles : tandis que l'art. 873 dit que « les héritiers seront
tenus personnellement... et hypothécairement pour le tout »,

l'article 1017 déclare « les héritiers tenus hypothécairement
pour le tout jusqu'à concurrence de la valeur des immeubles de
la succession dont ils seront détenteurs ». D'ailleurs, si la formule des deux articles était la même, il ne faudrait pas encore
conclure de là que le législateur a entendu y attacher le même
sens dans les deux dispositions. En effet, tandis que le mot
hypothécairement dans l'art. 873 peut s'entendre d'une hypothèque contre le défunt lui-même, cette expression ne peut se
prêter à la même supposition dans l'art. 1017 (v. MM. Ducaurroy,
Bonnier et Roustaing, II, sur l'art. 873; cass. 20 juill. 1820, 5 juill.
1831 et 15 juill. 1834).

b. M. Lafontaine, conseiller à la cour d'Orléans, a soutenu,
dans une remarquable dissertation insérée dans la Revue critique (xv, p. 334 et s.), que le droit de gage que les art. 2092 et
2093 C. C. confèrent aux créanciers sur tous les biens présents et
à venir de leur débiteur, emportait nécessairement pour eux, à
moins de n'avoir aucune signification pratique, le droit de se
faire payer sur toutes les valeurs héréditaires qui peuvent
encore se trouver entre les mains d'un héritier solvable, de la
part de dettes mise à la charge d'un insolvable. « Il est, dit-il,
contraire à l'essence du droit de gage qui est quelque chose
d'indivisible, qu'une parcelle quelconque des biens du débiteur
qui sont le gage de ses créanciers passe à ses héritiers ou à des
tiers avant que les créanciers garantis par le gage ne soient
entièrement désintéressés. » Il conclut de là que l'action que les
créanciers ont pour faire valoir leur droit de gage à l'encontre
des héritiers est, comme l'action en séparation des patrimoines
qui leur compète pour faire valoir leur droit à l'encontre
des créanciers de ces derniers, une action réelle à laquelle sont
complétement étrangers les art. 873 et 1220 qui proclament le
principe de la division des dettes entre les héritiers. Ces articles
ne s'appliquent, d'après l'honorable magistrat, qu'à l'action
personnelle que les créanciers peuvent avoir contre les héritiers. A l'appui de cette solution, M. Lafontaine argumente :
1° de l'art. 724 C. C. qui, comme conséquence des art. 2092 et
2093 C. C., déclare que les héritiers sont saisis des biens sous

l'obligation d'en acquitter *toutes* les charges; 2° de l'art. 922 C. C. qui consacre le principe qu'il n'y a de biens que déduction des dettes et décide par là même que les héritiers n'ont droit à rien tant que les créanciers ne sont pas entièrement désintéressés, enfin 3° de la maxime : *nemo liberalis, nisi liberatus.*

Nous ne pouvons accepter cette opinion. Comme l'a très-bien fait remarquer Zachariæ, « le droit de gage que les articles 2092 et 2092 accordent aux créanciers sur les biens de leur débiteur ne frappe le patrimoine que par l'intermédiaire de la personne, n'engendre aucun droit de suite et ne produit aucune action réelle. Il ne peut être exercé qu'au moyen de l'action personnelle et dans les limites de cette action personnelle » (v. Pothier, obl. n° 310, et un article de M. Derouet, avocat à Blois, Revue pratique, ix, p. 529).

La conséquence du principe de la division des dettes que nous avons indiquée sous le n° 7 est donc certaine. Il nous reste maintenant à rechercher par quel moyen le créancier peut éviter la perte dont il est menacé.

a) Rien de plus facile, quand il a eu connaissance de l'ouverture de la succession de son débiteur avant le partage. Si l'un des héritiers est insolvable, il n'a, si sa créance est exigible, qu'à demander immédiatement et avant partage la vente des biens héréditaires (arg. 826, C. C.). Si sa créance n'est pas exigible, il doit intervenir au partage pour veiller à la composition du lot de l'héritier insolvable, empêcher qu'il ne soit composé exclusivement de valeurs faciles à faire disparaître et demander immédiatement la séparation des patrimoines contre les créanciers de cet héritier, afin d'avoir un droit exclusif sur les meubles et les immeubles qui pourront tomber dans son lot.

Mais *quid* si l'héritier insolvable a déjà reçu en avancement d'hoirie la part à laquelle il peut prétendre dans la succession? Voici la marche qui est tracée par M. Demante (iii, 210 bis, iii). Si sa créance est exigible, le créancier doit demander immédiatement la séparation des patrimoines à l'encontre des créanciers de l'insolvable et saisir avant partage les biens héréditaires en dirigeant ses poursuites contre tous les héritiers qui, entre eux

tous, représentent complétement la personne du débiteur.
« Vainement, ajoute cet auteur, pour s'opposer à cette poursuite, on argumenterait de l'effet déclaratif du partage à intervé-
nir; vainement voudrait-on en conclure que ce partage ne devant
rien attribuer à l'un des héritiers, les biens ne pourraient, dès à
présent, être saisis que pour la part des autres; ce serait une
pétition de principe : car, ainsi qu'on va le voir, les créanciers
de la succession ne sont pas tenus de souffrir que la part reve-
nant de droit dans les biens en nature à l'héritier débiteur du
rapport soit absorbée, à leur préjudice, par les prélèvements
des cohéritiers. Et dès lors la saisie préalable aura précisément
pour effet d'empêcher que le partage ne soit fait de manière à
fonder l'objection ci-dessus. » — Si sa créance n'est pas exigible, il doit demander la séparation des patrimoines à l'encontre
de l'insolvable, et, en sa qualité de créancier de la succession,
s'opposer aux prélèvements que les cohéritiers auxquels est dû
le rapport n'exercent qu'en qualité de créancier de leur cohéritier.

b) Mais les choses ne se présentent pas toujours ainsi. Par
suite de son absence ou de son éloignement du lieu où la succession s'est ouverte, le créancier n'a eu connaissance de la mort de
son débiteur que longtemps après qu'elle s'est produite; lorsqu'il a pu songer à prendre des mesures pour assurer son paiement, les héritiers avaient déjà procédé au partage des biens
dépendants de la succession, et l'un d'eux était insolvable : il
avait dissipé les valeurs héréditaires mises dans son lot; ou bien,
l'immeuble qui lui avait été attribué et qui constituait tout son
avoir, avait péri par cas fortuit; ou bien encore il n'avait rien
touché au moment du partage, parce qu'il avait déjà été rempli
de tous ces droits dans la succession par un avancement d'hoirie.
Le créancier est-il alors condamné à perdre la partie de sa
créance mise à la charge de cet héritier insolvable, c'est-à-dire
la 1/2, le 1/3, le 1/4 de son droit, selon le nombre des héritiers
laissés par son débiteur, ou bien la loi lui offre-t-elle quelque
moyen d'éviter cette perte?

Dans le droit coutumier, Dumoulin et Pothier admettaient

plusieurs exceptions à la conséquence rigoureuse qui découle du principe de la division des dettes (v. *suprà*, p. 76). La 1re serait encore admise aujourd'hui, car elle n'est qu'une application des principes généraux du droit; la 3e déjà repoussée par Pothier ne saurait se soutenir, et la 2e ne nous semble pas mieux fondée. En effet, dans l'espèce qu'ils prévoient, Dumoulin et Pothier basaient leur décision, qui permettait le recours contre l'héritier solvable, sur une présomption de collusion entre les deux frères. Or, la raison sur laquelle s'appuient ces jurisconsultes ne peut soutenir un examen sérieux. Sans doute, s'il était établi en fait que l'acceptation de l'héritier soumis au rapport est le fruit de la collusion avec ses cohéritiers, ce serait là un dol qui pourrait autoriser à demander à ceux-ci la part de dettes à laquelle ils ont prétendu se soustraire en faisant accepter leur cohéritier. Mais, comme le fait encore remarquer avec raison M. Demante (III, 210 bis, II), les circonstances peuvent exclure le soupçon de fraude, les dettes étaient, par exemple, ignorées lors de l'acceptation, et alors l'exception ne se soutient plus, car elle ne peut davantage se justifier au point de vue doctrinal, comme le démontre très-bien le même auteur *(loc. cit.)*.

L'exception admise par Dumoulin et par Pothier n'existe donc plus dans notre droit moderne; l'hypothèse sur laquelle ils raisonnaient rentre sous l'empire du droit commun et nous retrouvons la question que nous avons déjà posée: le créancier qui se trouve en présence d'un héritier insolvable a-t-il un moyen quelconque d'éviter la perte de la portion de dettes que cet héritier est chargé d'acquitter? Les uns ont prétendu que ce moyen se trouvait dans la séparation des patrimoines : « la séparation des patrimoines, disent ils, fait revivre, pour ainsi dire, le défunt; elle sépare, pour les affecter sans réserve aux droits des créanciers, les biens qu'un héritier peut avoir recueillis dans la succession, de telle sorte que cet héritier ne peut élever de prétention sur l'actif héréditaire tant que les créanciers ne sont pas complètement désintéressés. » Les autres l'ont vu dans l'acceptation de l'un des héritiers sous bénéfice d'inventaire : « l'acceptation sous bénéfice d'inventaire empêche la confusion entre les biens de l'héritier et ceux de la succession ; l'héritier n'est plus qu'un administrateur comptable qui doit payer les créanciers tant qu'il existe des biens de la succession entre ses mains ».

Aucune de ces deux opinions ne nous parait fondée et nous croyons fermement que le créancier ne peut jamais demander à un héritier que sa part et portion dans la dette, alors même que cet héritier n'a accepté la succession que sous bénéfice d'inventaire ou que la séparation des patrimoines a été demandée et obtenue contre ses créanciers. Nous donnerons plus loin, dans les sections spécialement consacrées au bénéfice d'inventaire et à la séparation des patrimoines, les raisons sur lesquelles se fonde notre conviction.

De tout ce qui précède résulte la conclusion suivante : c'est que, par suite du principe de la division des dettes, le créancier peut perdre une portion considérable de son droit sans qu'aucune faute ou négligence puisse lui être imputée. La législation actuelle est donc mauvaise. Nous ne voudrions pas cependans, comme quelques auteurs l'ont proposé, voir consacrer le principe de l'action *in solidum* contre chaque héritier, que nous avons trouvé dans les coutumes du nord, à cause des conséquences désastreuses qu'il peut avoir pour les héritiers. Mais nous applaudirions à une législation qui, après avoir posé le principe de la division des dettes entre les héritiers, permettrait, dans le cas où la discussion aurait établi l'insolvabilité de l'un d'eux, le recours du créancier sur les valeurs qui peuvent se trouver encore entre les mains d'un autre héritier. Cette solution nous semble sauvegarder entièrement les intérêts des créanciers et ceux des héritiers qui seraient toujours admis, conformément aux principes du droit commun, à prouver que la perte, que le créancier veut éviter en les poursuivant, est le résultat d'une faute de sa part ou de sa négligence et qu'il doit par conséquent la supporter.

B. Après avoir posé le principe de la divison des dettes et montré à quelles conséquences il conduit, nous allons étudier rapidement les exceptions que ce principe reçoit.

La première exception a lieu dans le cas où la dette est indivisible *naturâ* (1217) ou *contractu* (1218 C. C.). Dans ce cas, la dette ne pouvant s'exécuter pour partie, le créancier peut poursuivre pour le tout, l'un quelconque des héritiers (art. 1222 et 1223 C. C.). Mais l'article 1225 consacre, en faveur du cohéritier poursuivi, un droit pour l'application duquel il convient de faire des distinctions : 1° lorsque la dette est de nature à ne pouvoir être acquittée que par l'héritier poursuivi, l'art. 1225 ne s'applique pas, d'après son texte même. Dans ce cas, le cohéritier assigné doit nécessairement être condamné seul et pour le tout à l'exécution de l'obligation, et, en cas d'inexécution, à des dommages-intérêts. Il peut seulement, d'après l'art. 175, C. Pr. C., demander un délai pour appeler ses cohéritiers, afin de faire statuer, par un seul et même jugement, sur la demande formée contre lui et sur le recours qu'il a le droit d'exercer contre eux. 2° Si la dette est de nature à pouvoir être acquittée séparément par chacun des cohéritiers, l'art. 1225 s'applique : l'héritier poursuivi peut demander un délai pour mettre en cause ses cohéritiers et les faire condamner conjointement avec lui (Poth. obl. n° 331). Cette communauté de condamnation présente le plus grand intérêt pour l'héritier assigné. En effet, lorsque la condamnation aura été ainsi prononcée contre tous, il ne sera pas seul sous le coup du titre exécutoire qui en résulte, et il conservera jusqu'à l'exécution les chances qu'il avait de n'être point forcé à faire l'avance ; d'un autre côté, si faute d'exécution, l'obligation primitive se transforme en une obligation de dommages-intérêts, cette nouvelle obligation ayant un objet divisible se divisera entre tous les héritiers condamnés conjointement ; l'héritier poursuivi d'abord n'en sera, comme ses cohéritiers, tenu que pour sa part et portion (V. M. Colmet de Santerre, continuation de Demante, sur l'art. 1225.) 3° Enfin, l'article 1225 s'applique encore dans le cas où la dette est de nature à ne pouvoir être acquittée que par tous les héritiers réunis : l'héritier poursuivi pour la totalité peut appeler ses cohéritiers en cause et les faire comprendre dans l'instance. Mais, si l'obligation ne peut être exécutée par suite du refus de quelques uns d'entre eux et qu'il y ait lieu de prononcer une condamnation à des dommages-intérêts, cette condamnation frappera-t-elle les cohéritiers qui offrent d'exécuter ? L'affirmative nous parait certaine : tous les cohéritiers sont en demeure d'exécuter l'obligation et l'offre faite par quelques-uns d'entre eux étant insuffisante, elle ne peut purger cette demeure quant à eux. (V. *contrà*, Pothier, obl. n° 335). Nous appliquons par analogie à ce cas l'art. 1232 qui vise l'hypothèse où une clause pénale a été jointe à une obligation indivisible. D'après cet article, la clause pénale est encourue par tous les héritiers, pour la part et portion de chacun ou pour le tout, suivant qu'elle a pour objet une chose divisible ou indivisible, du moment qu'un seul des héritiers contrevient à l'obligation. Seulement, comme en définitive c'est le contrevenant qui doit tout supporter, l'article décide, afin d'éviter un circuit d'actions, que la peine peut être demandée en totalité à celui ou à ceux qui l'on fait encourir, alors même qu'elle a pour objet une chose parfaitement divisible.

D'après l'art. 2249. C. C. l'interruption de prescription à l'égard de l'un des héritiers du débiteur d'une chose indivisible opère *ergà omnes*. Cependant les héritiers débiteurs d'une chose indivisible ne sont pas mandataires les uns des autres, comme s'il y avait solidarité entre eux : ainsi, tous les autres héritiers sont libérés, si la chose due périt par la faute ou pendant la demeure de l'un d'eux, comme si elle avait péri par le fait d'un tiers (Arg. 1205. C. C.), et la mise en demeure de l'un des héritiers ne fait pas courir les intérêts à l'égard des autres (Arg. 1207. C. C.).

Il y a encore exception au principe de la division des dettes, d'après l'article 1221 : 1° lorsque la dette est hypothécaire; 2° lorsqu'elle est d'un corps certain ; 3° lorsqu'il s'agit de la dette alternative de choses au choix du créancier, dont l'une est indivisible; 4° lorsque l'un des héritiers est chargé seul, par le titre, de l'exécution de l'obligation; 5° lorsqu'il résulte, soit de la nature de l'engagement, soit de la chose qui en fait l'objet, soit de la fin qu'on s'est proposée dans le contrat, que l'intention des contractants a été que la dette ne pût s'acquitter partiellement.

Mais nous allons voir, en examinant ces diverses hypothèses,

8

que celles prévues sous n°° 2,4 et 5 font seules, en réalité, échec au principe de l'art. 1220. C. C.

a) D'après les n°° 1 et 6 de l'art. 1221, comb., lorsque la dette est hypothécaire, l'héritier qui possède le fond hypothéqué à la dette peut être poursuivi pour le tout sur ce fonds. Il n'y a pas là une exception au principe de la division des dettes, mais une conséquence pure et simple de l'indivisibilité du droit hypothécaire et de l'obligation réelle qui y est corrélative. En effet, l'hypothèque ne rend pas indivisible l'obligation person- nelle à laquelle elle est attachée (Poth. obl, 304, 302. art. 2249, 2°) ; cette obligation personnelle se divise de plein droit entre tous les héritiers, conformément à l'art. 1220. C. C. Seulement, comme l'hypothèque est indivisible, que la totalité de l'immeuble grevé répond de la totalité de la dette (2114), le créancier peut, s'il le préfère, laisser de côté l'action qui lui compète contre les autres héritiers et poursuivre, personnellement pour sa part et hypothécairement pour le tout, l'héritier entre les mains duquel se trouve cet immeuble (2166). Le jugement qui intervient sur une poursuite de cette nature, ne confère hypothèque sur les biens personnels de l'héritier que jusqu'à concurrence de sa part héréditaire dans la dette, alors même que la condamnation a été prononcée, d'après la formule de la loi « personnellement... et hypothécairement pour le tout. »

La faculté de poursuivre pour le tout l'héritier détenteur de l'immeuble hypothéqué appartient-elle au cohéritier qui est de son chef créancier hypothécaire du défunt, sous la déduc- tion de sa part contributoire dans la dette et dans les insolvabi- lités ? Cette question était déjà controversée dans notre ancien droit et elle l'est encore beaucoup aujourd'hui. La négative nous semble préférable. Indépendamment des excellentes raisons que donnait déjà Lebrun à l'appui de cette solution (suc. liv. iv. ch. 2 § 1 n° 43), l'art. 875 in f. fournit un argument à contra- rio décisif; on ne comprendrait pas, en effet, pourquoi le légis- lateur s'est cru dans la nécessité de poser une restriction en fa- veur de l'héritier bénéficiaire, si toutes les fois qu'il s'agit d'une créance personnelle, l'héritier même pur et simple, n'était pas forcé de diviser son action (M. Demo., xvii. n° 81 , Marcadé sur l'art. 873 n° 3. — *contrà*, MM. Aubry et Rau, V. p. 361, Dalloz, Rép., v° succ. n° 1389).

L'héritier poursuivi personnellement pour sa part et portion et hypothécairement pour le tout, ne peut, en tant qu'il s'agit de la part dont il est tenu personnellement , éviter d'être condamné qu'en payant le créancier. Mais une fois cette part payée, l'héritier se trouve-t-il, vis à vis du créancier, dans la position d'un tiers détenteur ordinaire? Peut-il délaisser, purger, opposer l'exception de discussion? La question est encore controversée. Quelques auteurs enseignent l'affirmative d'une manière absolue (V. Delvincourt. ii. p. 168, 169; Chabot, sur l'act. 873, n° 15; Troplong, priv. et hyp., n° 390, 798 et 903 bis); d'autres la négative; pour nous, nous croyons, avec Pothier (int. au tit. xx de la cout. d'Orl. n° 35 et 52) et MM. Labbé (Rev. crit. vii p. 211 et s.), Aubry et Rau (v. p. 355), et Demo., (xvii p. 81 et S.) que la vérité est entre ces deux opinions radicales; que le cohéritier qui a payé sa part contributoire dans la dette peut délaisser, mais qu'il ne peut ni purger, ni opposer l'exception de discussion, et voici les raisons qui nous font admettre cette opinion : la faculté de délaisser est inhérente à l'obligation qui résulte de l'hypothèque (art. 2167 et 2168) et appartient en conséquence à toute personne qui s'y trouve soumise, à quelqne titre que ce soit, sous la seule condition de n'être pas personnellement obligée à la dette (2172); or, le cohéritier qui a payé sa part contributoire dans la dette n'est plus débiteur personnel. Au contraire, la purge et l'exception de discussion modifiant profondément, au préjudice du créancier, l'indivisibilité du droit hypothécaire, ne peuvent être invoqués que par celui auquel la loi accorde formellement ce droit, c'est-à-dire, par le tiers-détenteur proprement dit , et non par l'héritier qui succède aux obligations du défunt et ne peut, par conséquent, pas plus que lui, porter atteinte à l'indivisibilité de l'action réelle corrélative au droit hypothécaire.

L'art. 872 C. C. rentre naturellement dans l'ordre d'idées dans lequel nous nous trouvons. Il prévoit l'hypothèse où la dette hypothécaire est une rente *réservée* ou *constituée* et il donne aux cohéritiers deux moyens de remédier aux inconvénients et aux dangers qui, à raison de la nature de la dette, résulteraient pour eux des nombreux recours auxquels donnerait lieu la faculté qu'a le créancier de poursuivre son paiement, soit contre tous les héritiers chacun pour sa part et portion, soit pour le tout contre l'héritier détenteur de l'immeuble hypothéqué.

Le 1er al., donne à tout cohéritier le droit d'exiger que la rente soit remboursée et les immeubles rendus libres avant qu'il soit procédé à la formation des lots. Cette disposition s'applique, comme le prouvent les travaux préparatoires, quelle que soit l'étendue de l'hypothèque, qu'elle soit spéciale ou générale, qu'elle frappe plusieurs immeubles, qu'elle soit restreinte à un seul, ou qu'elle s'étende à tous (MM. Aubry et Rau, v. p. 357). — Puis le 2e al., prévoyant le cas où le remboursement de la rente n'est pas légalement possible au moment du partage (art. 530 et 1911, C. C.), ou n'est réclamé par personne, donne à chaque cohéritier la faculté d'exiger que l'immeuble grevé pour le service de la rente ne soit compris au partage que pour la valeur qui lui reste après qu'on a déduit de son estimation le capital de la rente, de telle sorte que l'héritier dans le lot duquel tombera cet immeuble sera seul chargé de la rente et chargé d'indemniser ses cohéritiers des parts et portions qu'ils auront été obligés de payer au créancier, si celui-ci les a poursuivis directement. Cette dernière disposition ne s'applique évidemment que dans le cas où l'hypothèque ne grève qu'un seul immeuble ; le moyen qu'elle indique ne nous semble plus praticable, s'il y avait plusieurs immeubles hypothéqués, fût-ce même en vertu d'une hypothèque spéciale.

L'art. 872 ne s'applique plus dans le cas où le créancier de la rente se trouve être l'un des cohéritiers, puisque, ainsi que nous l'avons vu, il ne conserve pas son action hypothécaire pour le tout contre l'héritier détenteur de l'immeuble grevé, qu'il est obligé de diviser son action entre tous, et que, dès lors, nous ne retrouvons plus les inconvénients qui ont fait édicter cette disposition.

b) L'article 1221 indique, avec raison cette fois, comme

deuxième exception au principe de la division , le cas où la dette a pour objet un corps certain. Voici l'hypothèse prévue par les rédacteurs du Code, d'après le n° 303 des obl. de Pothier : Une personne meurt laissant dans sa succession un corps certain qu'elle a promis à un tiers ; par l'effet du partage , ce corps certain est mis dans le lot de l'un des héritiers, quels sont les droits du créancier ? Il peut, car il est devenu propriétaire par le seul effet de la convention (art. 711 et 1138 C. C.), agir pour le tout par l'action réelle en revendication contre l'héritier détenteur de l'objet dû ; il peut de plus, intenter contre chacun des héritiers , pour sa part et portion héréditaire , l'action personnelle qui naît du contrat à fin de délivrance, et , si les cohéritiers actionnés ne peuvent exécuter l'obligation, ils seront condamnés à des dommages-intérêts *pro parte* (Poth. obl., 302). Mais, et voici où est la dérogation aux principes généraux, dérogation qui s'appliquera assez rarement, par suite du principe posé dans l'art. 1138 , il peut également intenter cette action personnelle en délivrance de la chose promise, *in solidum*, contre l'héritier dans le lot duquel a été mis l'objet dû , sauf ensuite recours de ce dernier contre ses cohéritiers. La raison de cette dérogation, qui nous vient du droit romain (Fr. 3, § 3, D. 13, 6), est bien simple : en acceptant que l'objet dû fût mis dans son lot , l'héritier a consenti à être mis seul en possession d'exécuter l'obligation , il ne saurait donc s'y refuser sans manquer à la bonne foi ; on évite d'ailleurs par là un circuit d'actions. Seulement , il convient de remarquer , après Pothier (obl. n° 303 *in med*.), que notre exception ne se produit qu'autant que c'est en qualité d'héritier et par l'effet du partage de la succession , qu'un héritier pour partie du débiteur se trouve posséder en entier la chose due. Celui-ci ne pourrait être poursuivi par l'action personnelle, que pour sa part et portion, s'il possédait la chose de son chef.

c) Comme troisième exception, l'art. 1221 indique le cas où il s'agit de la dette alternative de choses au choix du créancier dont l'une est indivisible ; mais cette disposition ne peut être justifiée. En effet, de deux choses l'une : le créancier demandera, ou celui des objets de l'alternative qui est indivisible ou celui qui est divisible ; dans le premier cas, la dette est indivisible, et chaque héritier pourra être en conséquence poursuivi pour le tout ; dans le deuxième cas , elle est divisible , et chaque héritier n'en sera tenu que pour sa part et portion. Dans l'une comme dans l'autre hypothèse, nous trouvons, non pas une exception au droit commun , mais une application pure et simple des règles qui régissent les obligations divisibles et indivisibles.

Si on consulte, d'ailleurs, l'exposé des motifs par M. Bigot de Préameneu, pour avoir la pensée du législateur, on trouve que la disposition dont nous nous occupons n'a eu pour but que d'établir que le principe de la division des dettes entre les héritiers n'enlevait pas au créancier le droit de choisir entre les deux choses qui font partie de l'obligation , ce qui était bien inutile à dire.

d) Le principe de la division des dettes *inter haredes* reçoit encore exception dans le cas où l'un des héritiers nommément désigné , ou dont le choix est laissé au créancier , a été chargé seul de l'exécution de l'obligation , soit dans le titre constitutif de la dette, soit dans une convention postérieure. Dans ce cas, le créancier a le droit de poursuivre pour le tout l'héritier désigné ou qu'il lui plait de choisir (1221-6°) ; mais il n'y a là qu'une faculté pour lui : il peut, s'il le préfère, agir contre chacun des héritiers pour sa part et portion. Le seul point qui ait soulevé quelque difficulté est celui de savoir si l'héritier poursuivi pour le tout peut demander un délai pour appeler ses cohéritiers en cause et les faire comprendre dans la condamnation, conformément à l'art. 1225? La négative ne nous parait pas douteuse ; nous ne reconnaissons à l'héritier poursuivi le droit de mettre ses cohéritiers en cause que pour exercer son recours (175 Pr. c.), car l'art. 1225 n'a sa raison d'être que dans le cas où l'objet de la dette est indivisible *naturâ* ou *contractu*. En effet, dans ce cas , le droit reconnu à l'héritier poursuivi de faire comprendre ses cohéritiers dans la condamnation ne peut causer au créancier aucun préjudice : une exécution partielle ne pouvant avoir lieu, chacun des héritiers reste tenu pour le tout ; la division prononcée ne produit d'effet que dans le cas où l'obligation primitive se convertit en dommages-intérêts, faute d'exécution intégrale. Au contraire, si, dans notre hypothèse, on reconnaissait à l'héritier poursuivi le droit de faire diviser la condamnation, on détruirait entièrement la convention des parties : l'objet de la l'obligation étant divisible, la division prononcée produirait immédiatement effet, de telle sorte que le créancier qui comptait n'avoir à poursuivre qu'un seul héritier, devrait, contrairement à la convention, agir contre tous (MM. Aubry et Rau, III, § 301, texte et note 35; et Colmet de Santerre, v. p. 271).

e) Enfin, le créancier peut encore, par dérogation au principe de l'art. 1220, poursuivre pour le tout l'un des héritiers de son débiteur, lorsqu'il résulte, soit de la nature de l'engagement, soit de la chose qui en fait l'objet, soit de la fin qu'on s'est proposée dans le contrat, que l'intention des contractants a été que la dette ne pût s'acquitter partiellement (Poth. ob. n° 316). Mais l'héritier poursuivi peut (1225) appeler en cause ses cohéritiers, pour les faire condamner tous *in solidum* à exécuter l'obligation, de manière à ne pas avoir vis-à-vis du créancier une position inférieure à celle de ces derniers, et à conserver jusqu'à l'exécution la chance de n'être pas obligé de faire l'avance de la dette.

L'art. 2249 C.C. s'applique-t-il aux obligations indivisibles *solutione tantum?* Nous admettons sans hésiter la négative : cet article parle, en effet, d'obligations indivisibles et les obligations dont il est question dans l'art. 1221 ne sont indivisibles qu'au point de vue du paiement et de la poursuite : nous devons donc leur appliquer toutes les autres conséquences de la divisibilité. Il faut seulement admettre, comme conséquence du droit qu'a le créancier de poursuivre pour le tout l'un des héritiers, que la prescription est interrompue pour le tout à l'encontre de l'héritier poursuivi : le créancier aura donc le droit de lui demander la totalité de la dette, mais en lui tenant compte de la part de ceux qui peuvent invoquer la prescription, de la même manière qu'il devrait lui tenir compte des remises qu'il pourrait avoir faites à ses codébiteurs.

Si une clause pénale a été jointe à une obligation indivisible

solutione tantum, on applique, en cas de contravention, l'art.
1233.

En résumé, nous n'avons trouvé que 4 cas qui fassent réellement exception au principe de la division des dettes : 1° celui où
la dette est indivisible ; 2° celui où elle a pour objet un corps
certain ; 3° celui où un seul des héritiers a été chargé d'acquitter toute la dette, et 4° le cas prévu par l'art. 1221 5°.

La solidarité ne s'oppose donc pas à la division : si un codé-
biteur solidaire meurt, la dette se transmet à ses héritiers avec
son caractère, mais en se divisant. Ainsi, chaque héritier continue
à être tenu solidairement, soit avec ses cohéritiers, soit avec les
autres débiteurs originaires, mais il n'est ainsi tenu que de sa
part dans la totalité de la dette, eu égard au nombre de ses cohéritiers ; soit une dette de 6,000 fr. à la charge de deux débiteurs
solidaires ; l'un d'eux meurt laissant deux héritiers pour part
égale, chacun de ces héritiers qui ne doit supporter en définitive que 1,500 fr. pourra être poursuivi par le créancier
pour 3,000 fr.

C. Devant quel tribunal le créancier peut-il agir ? L'art. 59.
(Pr. Civ.) résout cette question. Tant que le partage n'a pas eu
lieu, il ne peut agir, quelle que soit la nature de l'action qu'il
intente, qu'elle soit réelle ou personnelle, que devant le tribunal du lieu où la succession s'est ouverte, c'est-à-dire devant le
tribunal du domicile du défunt (110, C. C.), car c'est là que sont
les titres et documents propres à éclairer le juge. Mais une fois
le partage consommé, le créancier ne peut poursuivre un héritier que devant le tribunal de son domicile ou celui de la situation, suivant qu'il s'agit d'une action personnelle ou d'une
action hypothécaire ou réelle.

III. Nous arrivons à une troisième hypothèse qui se présente
très fréquemment dans la pratique : la succession est dévolue à
des héritiers légitimes en concours avec un légataire universel
ou à titre universel en pleine propriété ; par exemple, le défunt
laisse deux enfants, héritiers à réserve, pour 1/3 chacun et un légataire universel ou un légataire à titre universel du tiers. Dans
ce cas, d'après quelles règles s'exerce le droit de poursuite des

créanciers héréditaires ? Il est certain d'abord que les créanciers
ne peuvent poursuivre que les héritiers, chacun pour sa part
et portion, tant que les légataires n'ont pas obtenu la délivrance
de leur legs, quelle que soit la forme du testament en vertu
duquel ces derniers sont appelés, qu'il soit olographe, public ou
mystique ; ce n'est, en effet, qu'à partir de la délivrance que les
actions actives et passives sont effectivement transmises en ce
qui concerne les légataires : jusque là, ceux-ci ne peuvent poursuivre les débiteurs de la succession et, par la même raison, ils
ne peuvent être poursuivis par les créanciers (M. Demo. xvii
n° 30). Une fois la délivrance effectuée, les créanciers peuvent
actionner les légataires concurremment avec les héritiers, pour
leur part et portion héréditaire (art. 1009 et 1012 C.C.). Si le
legs à titre universel a pour objet tous les immeubles, ou tout le
mobilier, ou une quote-part des immeubles ou du mobilier
(1010), le droit de poursuite contre le légataire a pour base une
part virile, tant que la part proportionnelle pour laquelle il doit
contribuer au paiement des dettes n'a pas été fixée. — Mais ici se
présentent deux questions qui sont très controversées : 1° quelle
est la mesure de l'obligation aux dettes du légataire universel
non saisi et du légataire à titre universel ; sont-ils tenus *ultrà
vires emolumenti* de la portion de dettes qui leur incombe, s'ils
n'ont pas eu le soin de n'accepter leur legs que sous bénéfice
d'inventaire ; 2° les créanciers héréditaires peuvent-ils, en laissant de côté les légataires qui ont obtenu la délivrance, ne poursuivre que les héritiers pour leur part et portion héréditaire, ou
les dettes se divisent-elles de plein droit entre les légataires
universels ou à titre universel et les héritiers ? Ces deux questions reviennent à celle-ci : le législateur moderne a-t-il main-
tenu l'ancienne distinction entre les successeurs à la personne et
les successeurs aux biens ; ou a-t-il fait des représentants de la
personne du défunt, de tous ceux qui sont appelés à recueillir
l'universalité ou une fraction de l'universalité du patrimoine ?
Si on décide que la distinction est maintenue, on décide par
la même : 1° que les légataires ne sont tenus qu'*intrà vires*,
2° que même après qu'ils ont obtenu la délivrance, les créanciers peuvent encore ne poursuivre que les héritiers pour leur

part et portion héréditaire. Si on adopte l'opinion contraire les deux questions posées se trouvent résolues en sens inverse.

Si nous avions à examiner la question en législation, à prendre parti pour le maintien où l'abrogation de cette distinction, nous nous prononcerions pour son abrogation (V. Introd. p. 9). Mais il faut se garder, quand on cherche la solution d'une question de droit, de mettre ses préférences à la place de ce qu'a voulu le législateur.

On avait cru pendant longtemps trouver la solution de la question qui nous occupe dans l'art. 1002, C. C.; on faisait remarquer comment, dans cet article, le législateur avait manifesté clairement son opinion de sacrifier l'institution d'héritier du droit romain au legs du droit coutumier. Mais on a fait remarquer que cette argumentation portait à faux, car ce n'est pas au legs du droit coutumier que le législateur s'en est référé, mais seulement aux legs tels qu'il les réglerait dans une des sections suivantes (Nicias-Gaillard, Revue critique, 1852, ii, 311). L'art. 1002 est donc complétement étranger à la discussion ; il ne peut-être invoqué par aucune des opinions qui se sont formées sur la question et que nous allons maintenant exposer.

Une première opinion consacrée par un arrêt de la Cour de cassation, du 13 août 1851 (Sir. 51, 1, 657), enseigne que, dans notre droit moderne, tout successeur appelé à recueillir l'universalité ou une fraction de l'universalité du patrimoine doit être considéré comme le représentant de la personne du défunt et déclaré en conséquence tenu *ultrà vires successionis* de la portion des dettes qui lui incombe, s'il n'a pas accepté sous bénéfice d'inventaire. « Le droit à une quotité de biens implique, en effet, dit l'arrêt précité, l'obligation de supporter une quotité proportionnelle des dettes, ce droit et cette obligation sont des conséquences corrélatives de tout titre successif versel,.. et l'obligation personnelle dont le successeur à titre universel est ainsi tenu, existe avec toutes ses conséquences légales, du moment où il est saisi des biens de la succession, soit que la saisine procède immédiatement de la loi, soit qu'elle procède de la délivrance. » Les art. 1009 et 1012 C. C. en déclarant le légataire universel non saisi et le légataire à titre universel tenus *personnellement* pour leur part et portion, consacrent implicitement cette doctrine. En effet, si dans notre ancien droit coutumier ces légataires n'étaient tenus *qu'intrà vires*, c'est, comme nous le dit Pothier, parce qu'ils n'étaient pas débiteurs personnels. Donc, en décrétant qu'ils sont tenus personnellement, notre code décrète par là même qu'ils sont tenus *ultrà vires* (art. 2092 et 2093). Ces légataires sont tenus absolument de la même manière que les héritiers légitimes qui, de l'aveu de tous, sont tenus *ultrà vires*, puisque la formule dont le législateur se sert pour caractériser l'obligation des uns et des autres est identiquement la même : il les déclare tous tenus personnellement pour leur part et portion et hypothécairement pour le tout (Vide M. Demolombe, des succ. III, n°' 171 et s.).

Si les légataires universels et à titre universel représentent la personne du défunt, s'ils sont tenus des dettes *ultrà vires*, il est clair que les héritiers ne peuvent pas représenter eux-mêmes le défunt pour le tout. Les dettes se divisent donc de plein droit entre les légataires et les héritiers, et ceux-ci, après la délivrance des legs, ne peuvent plus être poursuivis que pour la part pour laquelle ils représentent la personne du défunt. On invoque encore à l'appui de cette opinion les art. 1009 et 1012 qui déclarent les légataires *tenus envers les créanciers* et on fait remarquer qu'elle est tout à fait conforme à l'utilité pratique. Le plus souvent, en effet, les légataires et les héritiers se présentent en même temps, au moment de l'ouverture de la succession; l'actif se partage dès ce moment entre les uns et les autres, de telle sorte que l'héritier ne peut exercer les actions héréditaires que pour sa part et portion ; pourquoi n'en serait-il pas de même du passif : on éviterait par là une foule de recours de la part des héritiers contre les légataires (Bord. 12 juil. 1867 ; Journ. du Pal., 1867, p. 1239).

Une autre opinion considère les légataires dont nous nous occupons comme tenus des dettes seulement *intrà vires*, mais comme obligés, dans cette mesure, tant sur leurs biens personnels que sur les biens de la succession. Comme ceux de l'opinion qui précède, ses partisans argumentent directement des art. 1009 et 1012 qui les déclarent tenus *personnellement*, puis il font remarquer, en s'appuyant sur l'art. 1483 C. C., qu'il n'est pas de l'essence de l'obligation personnelle d'être illimitée.

Aucune de ces deux opinions n'est conforme, croyons-nous, à la pensée du législateur. Pour nous, la qualité de représentant du défunt n'appartient dans notre droit moderne, comme dans notre ancien droit, qu'aux successeurs qui ont la saisine : le légataire universel non saisi et le légataire à titre universel ne sont encore aujourd'hui que de simples successeurs aux biens. En conséquence, sans avoir besoin d'acceptation sous bénéfice d'inventaire, ils ne sont tenus des dettes qu'*intrà vires emolumenti* et ils ont toujours la faculté de s'en décharger par l'abandon des biens recueillis ; d'un autre côté, les créanciers ne sont pas obligés de diviser leurs actions entre les héritiers et les légataires, une fois que ceux-ci ont obtenu la délivrance de leur legs : ils peuvent encore ne s'adresser qu'aux héritiers pour leur part et portion héréditaire.

Sur quoi se base-t-on, en effet, pour établir que, par dérogation à notre ancien droit, les légataires universels et à titre universel sont aujourd'hui tenus *ultrà vires*? La cour de cassation (arrêt du 13 août 1851), oppose que ces légataires prenant une fraction du patrimoine doivent contribuer aux dettes et que par conséquent ils sont tenus *ultrà vires*. Mais cet argument ne supporte pas l'examen : de ce que les légataires universels et à titre universel sont obligés de contribuer au paiement des dettes de la succession, par application de la maxime *bona non sunt...*, on ne peut pas en conclure qu'ils soient tenus *ultrà vires*. On ne peut pas davantage faire résulter cette obligation indéfinie de ce que, dans les art. 1009 et 1012, le législateur déclare ces légataires tenus *personnellement* pour leur part et portion. Dans ces articles, les rédacteurs du code n'ont eu, en effet, d'autre but que de poser le principe de la division des dettes entre les légataires et les héritiers et l'exception à ce principe dans le cas de dette hypothécaire. La deuxième partie de la phrase nous explique la première : s'il y a hypothèque, les créanciers pourront poursuivre pour le tout le légataire détenteur de l'immeuble hypothéqué, s'il n'y a pas hypothèque, la dette se divisera entre tous les successeurs : les créanciers ne pourront poursuivre les légataires que pour leur part et portion. Mais le texte ne dit pas dans quelle mesure, comment les légataires seront tenus.

Le mot personnellement n'a donc été employé dans les articles précités que par opposition au mot hypothécairement ; le législateur a voulu caractériser la double action que les créanciers pouvaient avoir contre les légataires et il s'est naturellement servi des termes employés par nos anciens auteurs. Ainsi Pothier, dont la doctrine n'est cependant pas douteuse, qualifiait de personnelle l'action qu'on avait reconnue aux créanciers contre les légataires pour faciliter les poursuites et éviter les recours auxquels donnait naissance le système primitif (Suc. Ch. v, art. 4). Il est vrai que nos anciens auteurs ajoutaient habituellement à la qualification de personnelle celle d'imparfaite, et que nous ne la retrouvons pas dans les art. 1009 et 1012. Mais c'est que nous ne devions pas l'y trouver : cette épithète est bonne dans un ouvrage théorique, mais non dans un texte de loi ; au lieu de chercher une innovation dans un mot, il vaut mieux lui donner la signification qu'il avait pour nos anciens auteurs dont le code s'est inspiré. Enfin, l'argument tiré du rapprochement des art. 873, 1009 et 1012 n'est pas plus concluant. Sans doute, la formule employée par le législateur est la même qu'il s'agisse de déterminer l'obligation aux dettes des héritiers ou celle des légataires ; mais cela ne prouve rien. Dans l'art. 873, (comme dans les art. 1009 et 1012), le législateur n'a eu pour but que de poser le principe de la division des dettes entre les héritiers et l'exception que ce principe reçoit dans le cas de dette hypothécaire, et nullement, comme on semble le croire en formulant l'argument que nous combattons, l'étendue de l'obligation des héritiers dans les dettes. Ce dernier point fait l'objet de la disposition de l'art. 724. C. C. Il est très naturel dès lors que la formule employée soit toujours la même.

Les légataires universels non saisis et à titre universel ne sont donc tenus des dettes qu'*intrà vires ;* mais, dans cette mesure, sont-ils tenus tant sur leurs biens personnels que sur les biens de la succession, ou ne sont-ils tenus que sur les biens héréditaires et peuvent-ils se décharger du paiement des dettes en abandonnant tous ces biens aux créanciers et aux légataires ? Cette dernière opinion nous parait seule acceptable, l'autre est tout a fait illogique. En effet , si le mot *personnellement* dont se servent les art. 1009 et 1012 impliquait nécessairement une innovation par rapport à notre ancien droit, il faudrait, avec la cour suprême , l'accepter dans toute son étendue, et ne pas la restreindre arbitrairement. Sans doute, l'obligation personnelle n'est pas illimitée de son essence; mais elle a ce caractère na-naturellement et elle doit le conserver toutes les fois qu'un texte ne le lui enlève pas d'une manière formelle. Mais cette innovation n'est rien moins que certaine, — Remarquons cependant que les légataires ne peuvent limiter le droit d'action des créanciers aux biens héréditaires , qu'autant qu'ils peuvent en établir la consistance par un bon et fidèle inventaire : ils seraient tenus *ultrà vires* , s'ils avaient laissé la confusion s'opérer entre leur patrimoine et celui du défunt.

D'un autre côté, la nécessité pour les créanciers de diviser leur droit de poursuite entre les héritiers et les légataires, dès que ceux-ci ont obtenu la délivrance de leurs legs, nous semble bien difficile à soutenir en présence de la disposition des art. 1220 et 873. L'art. 1220, qui est la reproduction du n° 300 du traité des obl. de Pothier, ne divise la dette qu'entre les héritiers, dans la proportion pour laquelle chacun d'eux représente la personne du défunt, et l'art. 873 est encore plus formel dans le sens de la division des dettes entre les héritiers seulement. Il est ainsi conçu : « *les héritiers* sont tenus des dettes et charges de la succession, personnellement pour leur part et portion virile, et hypothécairement pour le tout ; sauf leur recours , soit contre leurs cohéritiers , soit contre les légataires universels, à raison de la part pour laquelle ils doivent y contribuer. » On oppose les art. 1009 et 1012; mais en vérité ils ne contredisent pas le moins du monde cette interprétation : ces articles ne disent pas, en effet, que les créanciers devront nécessairement poursuivre les légataires, ils consacrent purement et simplement l'opinion de Pothier; ils permettent aux créanciers de poursuivre directement les légataires ; il y a là pour eux une faculté, et non une obligation.

Du système que nous adoptons résulte la conséquence suivante, c'est que l'insolvabilité des légataires retombera sur les héritiers et non sur les créanciers. Mais cette conséquence ne peut soulever aucune critique. Les créanciers, en effet, *certant de damno vitando*, tandis que les héritiers *certant de lucro captando*; l'intérêt des premiers doit donc être préféré à celui des seconds. D'un autre côté, les héritiers sont plus à même que les créanciers de connaître la position pécuniaire des légataires; ils n'auront donc, s'ils veulent éviter toute perte, qu'à exiger d'eux, avant de les mettre en possession des valeurs léguées, des garanties suffisantes pour assurer le recours qu'ils auront à exercer dans le cas où les créanciers leur demanderaient une somme supérieure à leur part contributoire dans les dettes. (M. M. Aubry et Rau, vi, § 723, Colmet de Santerre. sur l'article 1009).

La solution sera la même si, au lieu de légataires, nous supposons des donataires universels ou à titre universel de biens à venir par contrat de mariage en concours avec des héritiers légitimes. Cette assimilation résulte de la nature même des choses; aussi est-elle généralement admise, bien que l'art. 1085 semble plutôt rapprocher, au point de vue de l'obligation aux dettes, les institués contractuellement des héritiers légitimes (V. art. 724).

Les titres exécutoires contre le défunt le sont-ils également contre les successeurs universels dont nous nous occupons? Nous n'hésitons pas à répondre négativement. La disposition de l'art. 877 est une conséquence de la continuation de la personne du défunt (Locré, lég. civ. x, p. 140 et 168); elle ne peut donc s'appliquer à ceux qui ne succèdent qu'aux biens: le créancier devra donc, comme dans notre ancien droit, obtenir soit un titre nouveau, soit un jugement (V. *contrà*, M. Demo. xvii, n° 60). D'après Demante (iii, n° 218 *bis*, iii), ces titres seraient exécutoires contre les simples successeurs aux biens, mais seulement sur les biens provenant de la succession (V. Mourlon, Rép. écrites, ii, sur l'art. 877).

Lorsqu'ils sont poursuivis hypothécairement, ces successeurs peuvent-ils, leur part payée, délaisser, purger ou opposer l'exception do discussion ? Leur situation nous semble être la même que celle de l'héritier bénéficiaire : nous les admettrions donc à délaisser, mais non à purger ou à opposer l'exception de discussion, parce que ces deux moyens modifient les conséquences du contrat constitutif d'hypothèque.

IV. Si, au lieu d'être appelés à recueillir la pleine propriété, les légataires universels ou à titre universel qui viennent en concours avec des héritiers légitimes ne sont gratifiés que de l'usufruit, voici quels sont les principes qui régissent le droit de poursuite des créanciers héréditaires. Il est hors de doute d'abord que ces créanciers conservent leur droit de poursuite sur la pleine propriété des biens de la succession, y compris ceux qui sont soumis au droit d'usufruit ; mais, peuvent-ils faire condamner personnellement le légataire d'usufruit au paiement des dettes héréditaires, une fois que celui-ci a obtenu la délivrance de son legs ? Il faut distinguer : la négative est certaine en ce qui concerne les capitaux, les créanciers ne peuvent les demander qu'à l'héritier : « Il n'y a, en effet, ni texte, ni raison de principe ou d'équité qui autorise les créanciers à poursuivre directement le légataire de l'usufruit, comme leur débiteur personnel, en ce qui concerne les capitaux dont il n'est nullement débiteur. » (V. M. Demo. x, n° 523. Bord., 12 mars 1840, Sir. 40, 2, 297). Mais le paiement des intérêts ou des arrérages de rentes qui ont couru pendant la durée de l'usufruit peut être poursuivi directement, pour le tout ou pour partie seulement, selon l'étendue du droit d'usufruit, contre le légataire universel ou à titre universel de l'usufruit, et les créanciers peuvent même invoquer, le cas échéant, contre lui et sur ses biens personnels, l'application de l'art. 1978 C. C. Le créancier n'a, en effet, aucun motif pour refuser le paiement de ces intérêts ou arrérages, puisque, ainsi que nous l'établirons, il les devrait au propriétaire si celui-ci payait les créanciers (art. 610, 612). Cette solution peut d'ailleurs être appuyée au besoin par l'art. 610 qui charge le légataire universel ou à titre universel de l'usufruit d'acquitter les arrérages des rentes viagères ou des pensions alimentaires, et par les art. 1009 et 1012 qui établissent que le droit de poursuite des créanciers héréditaires est toujours au moins aussi étendu que la contribution (Cass., 8 oct. 1862, Sir. 63, 1, 34). Le créancier peut toujours ne s'adresser qu'à l'héritier et laisser de côté les légataires de l'usufruit. Ceux-ci ne sont d'ailleurs tenus de la fraction de dettes qui leur incombe, que dans les limites de leur émolument (Cass., 9 mars 1863 ; Journ. du Pal. 1863, p. 548. — MM. Aubry et Rau, vi, § 232).

V. Nous avons supposé jusqu'ici les légataires universels en propriété en concours avec des héritiers *ab intestat* ; nous allons examiner maintenant leur situation vis-à-vis des créanciers héréditaires, lorsqu'ils viennent seuls à la succession, en l'absence d'héritier réservataire.

Aux termes de l'art. 1006 C. C., les légataires universels sont, dans ce cas, saisis de plein droit, par la mort du testateur, et ne sont plus tenus de demander la délivrance de leur legs aux parents légitimes du défunt ; ceux-ci restent complétement étrangers à la succession. De là les conséquences suivantes : 1° les créanciers héréditaires ne peuvent rechercher ces parents légitimes, relativement aux dettes de la succession, tant que les légataires n'ont pas renoncé ; 2° ils peuvent agir contre ces derniers dès le jour de l'ouverture de la succession : le droit de poursuite a pour base la part que chaque légataire est appelé à recueillir dans l'actif (Arg., art. 1009). Mais quelle est l'étendue de l'obligation de ce légataire dans les dettes : doit-il accepter sous bénéfice d'inventaire, s'il ne veut être tenu *qu'intrà vires emolumenti?* L'affirmative nous paraît certaine, car, dans le droit germanique, et dans notre droit français, ancien et moderne, l'obligation aux dettes *ultrà vires*, qui était, en droit romain, une conséquence de la continuation de la personne du défunt, a toujours été considérée comme une conséquence de la saisine héréditaire.

Cette différence de cause dans les deux législations s'explique très-bien rationnellement et juridiquement. En droit romain, qui s'obligeait n'obligeait pas le sien dans le principe ; c'était la personne qui était principalement obligée ; la succession aux biens ne devait donc pas suffire pour créer l'obligation aux dettes *ultrà vires* : le législateur devait intervenir et proclamer cette obligation en la rattachant à un autre principe, la continuation de la personne du défunt par l'héritier que lui imposaient des considérations politiques et religieuses que nous avons déjà indiquées; au contraire, nous trouvons en vigueur dans notre ancien droit français, la règle « qui s'oblige, oblige le sien » ; tout engagement d'une personne engage du même coup son patrimoine, tous ses biens présents et à venir. De là la conséquence que quiconque succède à ces biens pour le tout ou pour partie, succède aux dettes qui les grèvent, et en est tenu, comme le défunt lui-même, *ultrà vires*, s'il a la saisine.

Les coutumes du nord de la France avaient appliqué cette conséquence dans toute sa rigueur, en décrétant l'obligation *in solidum* contre chaque héritier : les coutumes de Normandie et de Bourgogne l'avaient limitée dans l'intérêt des héritiers. Le droit commun de la France, sous l'influence du droit romain, avait poussé cette limitation plus loin encore, en posant le principe de la division des dettes entre les héritiers. Le Code civil a reproduit les règles du droit commun : on est obligé aux dettes *ultrà vires*, si on a la saisine.

La preuve de notre proposition se trouve, pour le droit germanique, dans les titres 61 (*de chrene-chrudâ*) et 63 (*de eo qui se de parentillâ tollere vult*) de la loi Salique, et dans le titre 69 de la loi des Ripuaires.

Nous retrouvons la même doctrine dans Beaumanoir (cout. de Beauvaisis, vi, n° 29 *in f.*) — Le grand coutumier de Normandie (ch. 88, querelle de dettes) n'oblige l'héritier aux dettes que *in quantum facere potest*, c'est-à-dire à concurrence de ce qu'il a retiré de l'hérédité. Voici la raison de cette dérogation au droit constaté par toutes les autres coutumes : en Normandie, on n'admettait pas dans le principe la maxime « *le mort saisit le vif* »; pour pouvoir se mettre en possession des biens héréditaires, il fallait obtenir, du duc de Normandie, par l'intermédiaire d'un juge spécial, un bref d'ensaisinement. Ce bref avait été considéré comme le fondement du droit de l'héritier et on en avait conclu qu'il ne devait pas être tenu au delà de la valeur des biens héréditaires; mais, plus tard, quand la saisine légale fut acceptée, l'héritier fut en Normandie, comme dans les autres coutumes de France, tenu des dettes *ultrà vires*. — Loysel proclame, comme Beaumanoir, que celui qui prend des biens jusqu'à la valeur de 5 sols est héritier.

Enfin Pothier, dans le chapitre intitulé de *l'ouverture des successions et de la règle le mort saisit le vif* (suc. ch. 3, sect. 2), correspondant au chapitre du Code qui renferme l'art. 724, s'exprime de la manière suivante : « cette saisine consiste en ce que tous les droits du défunt, toutes ses obligations, dès l'instant de sa mort, passent de sa personne en celle de ses héritiers qui deviennent en conséquence dès cet instant, chacun pour la part dont ils sont héritiers, sans qu'il intervienne rien de leur part, propriétaire de toutes les choses dont le défunt était propriétaire, créanciers de tout ce dont il était créancier, débiteurs de tout ce dont il était débiteur, ont, dès cet instant, le droit d'intenter toutes les actions que le défunt aurait eu le droit d'intenter et sont sujets à toutes celles auxquelles le défunt aurait été sujet. »

On objecte toujours, pour soutenir que l'obligation aux dettes *ultrà vires* n'a rien de commun avec la saisine, que les successeurs irréguliers, c'est-à-dire le Roi et le Seigneur qui prenaient la succession par droit de confiscation, déshérence, bâtardise ou aubaine, et l'abbé qui succédait au pécule de son religieux, n'étaient tenus des dettes qu'*intrà vires* et que cependant ils avaient la saisine. Mais, pour repousser cette objection, il suffit de faire remarquer que l'obligation aux dettes *ultrà vires* n'était attachée qu'à la vraie saisine et que ces successeurs irréguliers ne l'avaient pas, qu'ils venaient simplement reprendre les biens sur lesquels on leur reconnaissait un droit préexistant.

Le législateur de 1804 n'a fait que copier Pothier, et il conclut dans l'art. 724, de la saisine à l'obligation aux dettes : « les héritiers légitimes sont saisis de plein droit des biens, droits et actions du défunt, sous l'obligation d'acquitter toutes les charges de la succession. » Donc, dans notre droit, les successeurs qui ont la saisine, et ceux-là seulement, représentent la personne du défunt, sont tenus des dettes *ultrà vires ;* cette solution est confirmée, en ce qui touche le légataire universel (1006), par le silence de l'art. 1009 relativement à l'obligation de ce légataire dans les dettes. Ce silence ne peut, en effet, s'expliquer qu'en admettant que la loi considère la décision qu'elle a donnée sur la saisine (art. 724) comme entraînant nécessairement la solution de la question sur les dettes et charges.

Les légataires universels saisis représentant la personne du défunt, les titres exécutoires contre ce dernier le seront également contre eux (877). D'un autre côté, s'ils se trouvent en con- cours avec des légataires à titre universel, simples successeurs aux biens, les créanciers héréditaires ont la faculté de pour- suivre tous les légataires, pour leur part et portion (1012) ou de n'actionner que les légataires universels, sauf recours de ceux-ci contre les légataires à titre universel.

VI. On peut encore prévoir l'hypothèse où plusieurs succes- seurs irréguliers sont appelés par la loi à recueillir intégrale- ment une succession : par exemple, le *de cujus* laisse plusieurs enfants naturels reconnus et pas de parents au 12ᵉ degré (art. 758), ou encore, un enfant naturel étant mort, ses père, mère, frères ou sœurs naturels, viennent prendre sa succession à défaut de descendance légitime ou naturelle (art. 765 et 766). Dans cette hypothèse, comment se règle le droit de poursuite des créanciers héréditaires ? Il est certain d'abord que ces suc- cesseurs ne peuvent pas être poursuivis, tant qu'ils ne se sont pas fait envoyer en possession de l'hérédité (arg. 811), ou tout au moins tant qu'ils n'en ont pas pris possession d'eux-mêmes, car, au point de vue qui nous occupe, la prise de possession de fait équivaut à un envoi en possession judiciaire ; on ne peut pas, en effet, admettre les successeurs irréguliers à répudier les conséquences d'une position qu'ils se sont faite eux-mêmes. — Cette condition réalisée, chaque successeur est tenu des dettes proportionnellement à sa part héréditaire, et nous pensons que les successeurs irréguliers ne sont encore aujourd'hui (V. Pothier suc. ch. 6) que de simples successeurs aux biens tenus seule- ment jusqu'à concurrence de l'actif par eux recueilli, sans avoir besoin de recourir au bénéfice d'inventaire, pourvu qu'ils aient eu le soin de faire dresser un inventaire fidèle et exact de l'hérédité, afin de pouvoir en établir la consistance d'une manière régulière. Cette doctrine nous semble justifiée par l'art. 723, C. C. qui consacre la distinction ancienne entre les héritiers représentant la personne du défunt et les successeurs irréguliers « auxquels les biens passent », et surtout, par l'art. 724 qui rattache l'obligation aux dettes *ultrà vires* à la saisine ; de plus, l'art. 756 dit : les enfants naturels ne sont point héritiers, c'est-à-dire, comme le voulait Pothier, ils ne représentent pas la personne du défunt et ne sont tenus qu'*intrà vires*. Cependant cette solution est controversée ; Toullier (IV, n° 526), Vazeille (art. 793, n° 9), M. Belost-Jolimont sur Chabot (art. 773, 5° obs.) et M. Demolombe (suc. I, n° 160) soutiennent que les successeurs irréguliers sont, comme les héritiers, tenus *ultrà vires*, à défaut d'acceptation bénéficiaire.

Pour l'établir, on argumente d'abord de l'art. 873, C. C. Il faut admettre, dit-on, que cet article s'applique tant aux successeurs irréguliers qu'aux héritiers légitimes, car autrement aucun texte du code ne réglerait le droit de poursuite des créanciers héréditaires contre les premiers. Or, l'art. 873 proclame l'obligation indéfinie. — On fait remarquer encore, en se fondant sur Pothier (int. à la cout. d'Orl. XVII, n° 35), que, dans l'ancien droit, le conjoint, qui figure au nombre des successeurs irréguliers, était tenu des dettes *ultrà vires*, et qu'on ne peut pas admettre, du moment qu'aucun texte ne le dit, qu'il n'en est plus ainsi aujourd'hui. — Enfin, on argumente *à fortiori* de l'arrêt du 13 août 1851 ; du moment que le légataire à titre universel est tenu *ultrà vires*, il n'est pas possible, dit M. Demolombe, qu'il n'en soit pas de même des successeurs irréguliers appelés par la loi, car ces successeurs sont au moins autant que les légataires appelés par la volonté du défunt.

Ces raisons ne nous ont pas touché : 1° admettons par hypothèse que l'art. 873 s'applique aussi bien aux successeurs irréguliers qu'aux héritiers ; on ne peut pas en conclure encore que ceux-là sont tenus des dettes *ultrà vires*, puisque l'art. 873 n'a eu pour but que de poser le principe de la division des dettes et l'exception que ce principe reçoit dans le cas de dette hypothécaire, et que le point de savoir dans quelle mesure et sur quels

biens un successeur est tenu, est réglé par l'art. 724.—2° D'un
autre côté, si, dans notre ancien droit, le conjoint était tenu des
dettes *ultrà vires*, c'est qu'on le considérait comme un véritable
héritier : notre code l'ayant mis au rang des successeurs irréguliers, on n'a pas à se préoccuper de la position qu'il avait autrefois.—3° Enfin, l'argument tiré de l'arrêt du 13 août 1851 pèche
par la base, car le légataire à titre universel n'est tenu qu'*intrà
vires* (V. p. 124). D'ailleurs, même en admettant, avec l'arrêt
précité, que ce légataire est tenu des dettes *ultrà vires*, on ne
peut rien en conclure touchant l'obligation des successeurs irréguliers. En effet, comme le fait remarquer M. Demante (III,
n° 24 bis, en note), cette doctrine (la doctrine ancienne) jusqu'alors incontestée n'est abandonnée par les arrêts ci-dessus
cités à l'égard des légataires que parce que l'on considère ceux-
ci comme assimilés par le code à des héritiers. Mais en présence
des textes qui refusent le titre d'héritiers aux successeurs irréguliers (756), je ne vois pas comment un simple argument d'analogie pourrait suffire pour autoriser l'abandon de notre principe.

Si les successeurs irréguliers viennent en concours avec des
héritiers (art. 757), les créanciers de la succession peuvent, à
leur choix, diriger leurs poursuites contre les héritiers et les
successeurs, dans la proportion de la quote part que chacun est
appelé à recueillir dans l'actif héréditaire, ou s'en tenir exclusivement aux héritiers qui seuls représentent la personne du
défunt. — Si au contraire, le concours s'établit avec des donataires ou des légataires à titre universel, les créanciers doivent
agir contre tous, puisque, dans ce cas, aucun d'eux ne représente
la personne du défunt.

Les titres exécutoires contre le défunt ne sont pas exécutoires
contre les successeurs irréguliers (art. 877).

VII. Nous examinerons enfin, comme dernière hypothèse, pour
déterminer le droit de poursuite des créanciers héréditaires, le
cas où des personnes ayant à exercer un droit de retour légal
viennent en concours, soit avec des héritiers, soit avec des successeurs irréguliers.

Les successeurs anormaux des art. 351, 352, 747 et 766 C.C. ne sont pas *héritiers* (arg. de l'art. 724, MM. Aubry et Rau, § 640 bis n° 1) ; mais la loi les considère comme des successeurs à titre universel et les soumet en conséquence (871) à l'obligation de contribuer aux dettes de la succession dans la proportion de leur émolument, c'est-à-dire de la valeur des biens par eux recueillis comparée à la valeur intégrale des biens laissés par le défunt. Les art. 351 et 352 relatifs à l'adoptant et à ses enfants sont formels sur ce point, et, dans le silence des art. 747 et 766, relatifs à l'ascendant donateur et aux frères et sœurs légitimes de l'enfant naturel, ils nous fournissent un argument *à fortiori* pour imposer cette obligation à ces derniers (V. M. M. Duc., Bon et Roust., art. 747).

Mais ces successeurs peuvent-ils être poursuivis directement par les créanciers héréditaires ? La raison de douter vient de ce que l'art. 351 ne parle que de l'obligation de *contribuer* aux dettes ; cependant la solution affirmative ne nous paraît pas douteuse. Nous avons vu, en effet, sur les art. 1009 et 1012, que le législateur avait entendu consacrer la règle qui avait fini par prévaloir dans notre ancien droit, à savoir, que toute personne obligée de contribuer au paiement des dettes en vertu de la maxime : *bona non sunt...* était par là même directement tenue envers les créanciers héréditaires. Seulement, comme ces successeurs n'ont pas la saisine, ils ne peuvent être poursuivis qu'après qu'ils se sont mis, comme ils en ont la faculté, en possession des objets sur lesquels porte leur droit.

La mesure du droit de poursuite varie suivant les cas : si la part pour laquelle le successeur anomal doit contribuer au paiement des dettes a été déterminée, le droit de poursuite a pour objet cette part ; mais les créanciers ne sont pas obligés d'attendre que cette part ait été fixée ; ils peuvent agir avant, et alors le droit de poursuite a pour mesure une part virile, eu égard au nombre des personnes appelées dans la succession. Ce n'est pas, comme on l'a soutenu, que le législateur ait prévu ce cas dans l'art. 873 ; mais nous ne voyons pas pourquoi on n'appliquerait pas la règle de notre ancien droit, du moment que la raison qui y avait fait admettre cette décision se retrouve dans notre hypothèse.

Les successeurs anomaux ne sont tenus des dettes qu'*intrà vires successionis*; ils ne peuvent être poursuivis que jusqu'à concurrence de la valeur légalement établie des biens qu'ils ont recueillis, alors même que cette portion serait inférieure à leur part contributoire (arg. art. 724).

Lorsqu'un successeur anomal se trouve en concours avec des héritiers, les créanciers héréditaires peuvent ne poursuivre que ces derniers, pour leur part et portion héréditaire, alors même que le successeur a pris possession des objets qui lui reviennent. La division des dettes ne s'opère, en effet, de plein droit qu'entre ceux qui représentent la personne du défunt; mais cette faculté ne leur appartient plus si nous supposons des successeurs irréguliers à la place des héritiers (art. 766). Dans ce cas, les créanciers doivent agir contre tous *pro po rtione*, car la position de tous est la même, aucun ne représente la personne du défunt, et ne peut être, dès lors, tenu pour une part de dettes supérieure à la part proportionnelle qu'il recueille dans les biens.

VIII. — Appendice. — Comment s'exerce le droit de poursuite des créanciers héréditaires dans le cas où personne ne se présente pour réclamer la succession, et qu'il n'y a aucun héritier connu ou que les héritiers connus ont renoncé ?

Distinguons. Tant que les délais pour faire inventaire et pour délibérer ne sont pas expirés, les créanciers ne peuvent que prendre ou requérir les mesures nécessaires à la conservation de leurs droits. Ainsi, s'il existe dans la succession des objets dispendieux à conserver ou susceptibles de dépérir, ou qu'il soit nécessaire d'interrompre une prescription qui court contre elle, tout créancier peut obtenir du tribunal du lieu où la succession s'est ouverte, l'autorisation de faire procéder à la vente de ces objets ou d'interrompre la prescription; de même, un créancier peut faire nommer un curateur spécial pour pouvoir former sa demande afin d'interruption de la prescription qui court contre lui, s'il se trouve placé dans la nécessité de recourir à cette mesure.

Une fois ces délais expirés, la succession est réputée vacante (art. 811) , et les créanciers peuvent dès lors , aux termes de l'art. 812, lui faire nommer un curateur.

Ce curateur représente de la manière la plus complète les héritiers ou autres successeurs qui pourront se présenter plus tard, de telle sorte que ceux-ci sont liés par les actes que cet administrateur a pu faire, et par les jugements qui ont été rendus contre lui.

Mais quels sont les effets de la vacance de la succession par rapport aux droits des créanciers héréditaires , quelle influence exerce-t-elle sur eux ? Nous croyons que ces créanciers se trouvent absolument dans la même position que si la succession de leur débiteur n'avait été acceptée que sous bénéfice d'inventaire.

1° Ainsi, comme dans le cas d'acceptation bénéficiaire , les créanciers n'ont pour gage que les biens laissés par le défunt , et , tant que dure la vacance , par la force même des choses, ils les ont d'une manière exclusive; mais , si la vacance cesse, si un héritier se présente, ils ne pourront repousser le concours de ses créanciers personnels, sur les meubles, s'il s'est écoulé plus de trois ans (880) , ou venir sur les immeubles de la succession , par préférence à ses créanciers hypothécaires , s'ils n'ont pas pris l'inscription requise par l'art. 2111 C. C.

2° Les dettes à terme ne deviennent pas immédiatement exigibles.

3° Des créanciers héréditaires ne peuvent plus , dès le jour de l'ouverture de la succession, acquérir un droit de préférence à l'encontre de leurs cocréanciers (2140) ; la mort de leur débiteur a fixé leur situation respective d'une manière définitive, si la vacance ne prend pas fin.

4° Ils conservent contre la succession vacante, leurs droits de poursuites individuelles. Ils peuvent notamment faire pratiquer des saisies-arrêts entre les mains des débiteurs de la succession (Chamb., 4 mars 1804, J. du P. 1864, p. 1009, contrà, Paris, 25 août 1864, p. 1010). Seulement les sommes saisies-arrêtées ne seront délivrées au saisissant que par l'intermédiaire de la caisse des dépôts et consignations dans laquelle elles doivent être préalablement versées par le tiers-saisi (Rouen, 21 janvier 1853, Pal. 53, 2ᵉ vol., p. 533).

5° Enfin, pour le mode de paiement des créanciers et des légataires, on suit les règles tracées dans les art. 808 et 809 C. C. Seulement, au lieu d'être payés par le curateur, ceux-ci sont payés, sur ordonnances du tribunal, par le préposé à la caisse des dépôts et consignations qui a seul qualité pour recevoir les sommes qui peuvent être dues à la succession et le prix des biens meubles ou immeubles que le curateur a vendus (V. art. 1000 et 1001 Pr. C.).

CHAPITRE III.

DE LA CONTRIBUTION AUX DETTES

Voici le principe qui sert de base à toute la théorie : ceux qui ne prennent dans la succession qu'un objet particulier ne doivent pas contribuer au paiement des dettes ; elles restent à la charge de ceux qui prennent une fraction du patrimoine.

Nous allons exposer successivement les deux propositions qui résument la formule de notre principe ; on peut ranger sous elles tous les développements que comporte la matière.

1ʳᵉ Proposition. — En principe, les successeurs à titre particulier ne doivent pas contribuer au paiement des dettes héréditaires. — Les art. 871 et 1024 C. C. sont aussi formels que possible sur ce point. La portée de ces dispositions doit être bien comprise ; sans doute, le légataire particulier ne peut obtenir l'objet qui lui a été légué qu'après le paiement des créanciers héréditaires et des réservataires (V. 925). Le légataire particulier peut donc souffrir, dans certains cas, de l'existence des dettes ; celles-ci peuvent amener à un retranchement de partie de l'objet légué. Mais, et c'est ce que veulent dire les art. 871 et 1024, si les forces de la succession ne sont pas dépassées par le legs, l'objet légué doit être délivré purement et simplement au légataire, sans aucune réduction à raison des dettes qui peuvent grever la succession : les héritiers ou autres successeurs universels ne peuvent, à raison de ces dettes, exercer aucun recours contre lui.

Le principe que nous venons de poser n'est qu'un principe général ; il comporte certaines exceptions : 1° d'abord, le testateur peut mettre des dettes à la charge exclusive du légataire particulier, et du moment que celui-ci a accepté le legs qui lui a été laissé, il reste obligé, alors même que la chose qui lui a été léguée viendrait à périr entre ses mains (arg. 1302 C. C.) ; 2° d'un autre côté, le légataire particulier peut se trouver obligé par la nature même de son legs, de souffrir la déduction de certaines dettes ou de contribuer à leur paiement. Ainsi, le legs d'une succession recueillie par le *de cujus*, le legs de sa part dans une communauté de biens, obligent le légataire à supporter les dettes comprises dans cette succession, dans cette part de communauté. Ce légataire ne doit pas cependant être assimilé à un successeur universel : la transmission se fait ici d'une manière analogue à celle qui aurait lieu dans le cas de vente d'une hérédité (art. 1608), les dettes que le légataire doit supporter sont déterminées d'une manière indépendante du patrimoine de l'auteur. Le testateur pourrait même, dans notre hypothèse, laisser à son héritier les charges qui se trouvent naturellement comprises dans sa libéralité, mais pour cela il faudrait que sa volonté fut formellement exprimée ou résultât clairement des faits. Par exemple, si le testateur avait déjà acquitté lui-même une partie des charges du legs, le légataire bénéficierait de cette circonstance et ne serait plus tenu que de celles qui resteraient encore à acquitter lors de l'ouverture de la succession. 3° Enfin, l'art. 612 consacre une 3° exception à notre principe, en assujettissant le légataire de l'usufruit de l'universalité ou d'une quote-part de l'universalité du patrimoine, à venir contribuer avec les héritiers ou autres successeurs universels, au paiement des intérêts et arrérages des dettes de la succession. Le légataire de l'usufruit seulement n'est, en effet, quelle que soit l'étendue de son legs, qu'un légataire à titre particulier, puisque tout legs d'usufruit laisse toujours la nue-propriété en dehors de la disposition du testateur, et dès lors ne comprend jamais, ni l'universalité, ni même une quote-part des biens dans le sens du Code (art. 1010). Mais cette exception se justifie parfaitement : les intérêts et arrérages ayant toujours été considérés comme une charge des fruits, la logique conduisait à les faire supporter par l'usufruitier, pour le tout ou pour partie, lorsqu'il était appelé par son titre à recueillir l'universalité ou une fraction de l'universalité des fruits. Notons seulement, qu'à la différence de ce qui a lieu dans les deux cas précédents, la part contributoire de l'usufruitier dans les dettes est proportionnelle à la part qu'il prend dans l'actif de la succession.

En dehors de ces trois cas, le légataire particulier n'est pas tenu de contribuer aux dettes de la succession. Il n'est pas même tenu de supporter celles qui sont garanties par une hypothèque sur l'immeuble légué (874, C. C.). Cependant, aux termes de l'art. 1020, C. C., il ne peut exiger, à moins que le testament ne lui en confère expressément le droit, que l'héritier dégage cet immeuble de l'hypothèque, avant de le lui livrer, il doit le prendre dans l'état où il se trouve (1018); seulement s'il est obligé de payer la dette, de délaisser l'immeuble ou d'en subir l'expropriation, il aura son recours, soit contre les héritiers ou successeurs universels du défunt, si l'immeuble était hypothéqué pour une dette de la succession (et c'est le cas qui se présente le plus souvent); soit contre le véritable débiteur, si la dette était dette d'un tiers, c'est-à-dire si le défunt était lui-même tiers-détenteur de l'immeuble (art. 874 et 2178). Le recours peut être exercé, soit par l'action contraire de gestion d'affaires (1372, 1375) garantie, d'après l'art. 1017, par une hypothèque légale sur tous les immeubles de la succession, soit par l'action qui appartenait au créancier originaire dans tous les droits duquel le légataire particulier est subrogé (874 et 1251 3°) sans aucune modification au point de vue de l'étendue du recours : le légataire peut donc poursuivre pour le tout chacun des héritiers détenteurs d'immeubles hypothéqués à la dette. La raison en est qu'il n'y a entre lui et les héritiers ou autres successeurs à titre universel aucune espèce de relation de société, ni d'obligation de garantie, c'est-à-dire, aucun des obstacles qui s'opposent au plein et entier effet de l'action hypothécaire.

Doit-on appliquer la disposition de l'art. 875 qui divise le recours ou celle de l'art. 874, dans le cas où l'héritier qui se trouve en même temps légataire particulier à titre de préciput, est contraint de payer la totalité d'une dette affectée hypothécairement sur un immeuble compris dans son legs? Pour soutenir qu'on doit appliquer l'art 874, on se fonde sur le texte même de cet article qui porte, d'une manière générale, que le légataire à titre particulier est subrogé aux droits du créancier, sans distinguer s'il est en même temps héritier ou non. On fait remarquer de plus que, quant au legs particulier, l'héritier doit être considéré comme étranger à la succession, puisqu'il ne contribue pas aux dettes à raison de la chose léguée, et que ce recours pour le tout ne peut jamais donner lieu à un circuit d'actions, puisque l'héritier ou le successeur universel contre qui ce recours est formé ne peut ensuite agir que divisément contre ses cohéritiers ou cosuccesseurs (875). — Malgré ces raisons, nous croyons que l'art. 875 doit être appliqué dans notre hypothèse : nous retrouvons, en effet, toutes les raisons de droit et d'intérêt pratique qui ont inspiré la disposition de l'art. 875 C. C. (Voy. inf.).

2ᵉ PROPOSITION. — Tous ceux qui prennent une fraction du patrimoine doivent supporter une partie des dettes de la succession. — Doivent par conséquent contribuer, les héritiers légitimes, les successeurs irréguliers, les légataires ou donataires universels ou à titre universel en pleine propriété et les successeurs anomaux des art. 351, 352, 747 et 766 C. C. que la loi considère comme des successeurs à titre universel. Nous avons vu que pour être complet, il faut ajouter à cette énumération, les légataires universels et à titre universel en usufruit seulement, bien que ce ne soient que des légataires à titre particulier.

Mais dans quelle mesure ces divers successeurs contribuent-ils ? 1° La règle, en ce qui concerne les héritiers légitimes, se trouve dans l'art. 870 C. C. ainsi conçu : « les héritiers légitimes contribuent entr'eux au paiement des dettes et charges de la succession, chacun dans la proportion de ce qu'il y prend. » Mais la formule dont s'est servi le législateur est loin de rendre sa pensée : prise à la lettre, elle conduit à des résultats que repoussent les principes généraux du droit, en notre matière. Supposons, en effet, des héritiers, deux fils, par exemple, en concours, et l'un d'eux légataire par préciput d'une somme équivalente à un tiers de la succession, de telle sorte qu'il en recueille les deux tiers. Si on appliquait à la lettre l'art 870, on ferait contribuer aux dettes, l'héritier légataire pour deux tiers et son cohéritier pour un tiers seulement. Mais cette solution serait en contradiction formelle avec l'art. 871 2°, puisqu'elle ferait contribuer l'héritier pour des valeurs qu'il prend à titre de légataire particulier. D'un autre côté, elle conduit à faire contribuer pour une part moindre que son cohéritier, l'héritier à la charge exclusive duquel a été mis un legs à titre particulier, puisqu'il prend dans la succession moins que celui-ci. Aussi tout le monde est-il d'accord pour ajouter à notre article 870, les mots « à titre d'héritier », et on peut établir de la manière suivante la formule qui règle la contribution des héritiers dans les dettes : « chacun d'eux doit supporter dans le passif héréditaire une part proportionnelle à celle qu'il est appelé à recueillir dans l'actif, à titre d'héritier, eu égard au concours tant de ses cohéritiers que des autres successeurs universels appelés avec lui à l'hérédité, et il est tenu de cette part contributoire, même *ultrà vires* (art. 724). »

2° Le légataire ou le donataire universel par contrat de mariage étant regardé comme le représentant de la personne du défunt, lorsqu'il a la saisine (arg. de l'art. 1006 C. C.), la base et l'étendue de sa contribution doivent être les mêmes que celles de l'héritier. Nous devons donc leur appliquer la formule que nous venons de donner pour ces derniers.

3° L'art. 871 C. C. donne la règle de la contribution aux dettes pour le légataire à titre universel et pour le légataire universel en concours avec des héritiers (1) : ils contribuent *au prorata de leur émolument*. Quelle est la signification de ces mots? D'après quelques auteurs, ils peuvent se traduire ainsi : dans la proportion de ce qu'ils prennent en réalité dans la succession en tenant compte des legs particuliers mis à leur charge, comparés à la valeur totale des biens laissés par le défunt. Ainsi, en supposant une succession laissée à un héritier et à un légataire à titre universel de moitié, et à la charge exclusive de ce dernier un legs à titre particulier qui absorbe la moitié de sa part, ces auteurs décident que le légataire ne doit contribuer qu'à concurrence du 1/3 et l'héritier à concurrence des 2/3 restants (v. Toullier, IV, 510. Troplong, IV, 1858). Mais cette interprétation ne rend pas, croyons-nous, la pensée du législateur. D'après nous, les légataires universels et à titre universel doivent contribuer dans la proportion de la part pour laquelle ils sont appelés à la succession, sans qu'on ait à tenir compte, pour en faire la déduction, des legs particuliers mis à leur charge. Ainsi, dans l'espèce que nous avons faite, le légataire doit contribuer, comme l'héritier, pour moitié, bien qu'en réalité ce qu'il prend ne représente que la moitié de ce que ce dernier recueille. Le mot émolument dans l'art. 871 a été employé par le législateur pour bien marquer que la part contributoire du légataire vis-à-vis des héritiers doit avoir pour base, non la quotité de biens que le testateur lui a léguée, mais celle qu'il recueille, eu égard à la présence d'héritiers à réserve avec lesquels il peut se trouver en concours. La première interprétation aboutit d'ailleurs à ce résultat inadmissible que le legs mis à la charge exclusive du légataire est supporté également par l'héritier, comme s'il avait été laissé purement et simplement à la charge de la succession (MM. Aubry et Rau, VI, § 723, texte et note 9).

(1) Cet article ne parle, il est vrai, que du légataire à titre universel, passant sous silence le légataire universel; mais cette omission s'explique historiquement. L'ancien droit ne connaissait que le légataire à titre universel ; c'est le Code qui le premier a introduit cette distinction entre le légataire universel et le légataire à titre universel, et il ne l'a fait qu'au titre des donations et testaments; le titre des successions en général et en particulier les articles de notre section ont été écrits sous l'empire des anciennes traditions.

Si le legs à titre universel a pour objet l'universalité ou une quote-part de l'universalité des meubles ou des immeubles, (1010) on estime les biens légués pour en connaître la valeur comparativement aux autres biens de la succession et le légataire supporte dans les dettes une part proportionnelle à celle qu'il prend dans l'actif.

4° Aucun texte du code ne règle d'une manière particulière la base de la contribution du successeur irrégulier, mais l'application des principes généraux ne peut souffrir de difficulté. Il recueille une quote-part de l'universalité héréditaire, il doit supporter une part proportionnelle dans les dettes. Seulement, comme les légataires universels ou à titre universel, il n'est tenu de cette part contributoire que jusqu'à concurrence des biens qu'il a recueillis.

5° Quant aux successeurs anomaux des art. 351, 352, 747 et 766, ils contribuent dans la proportion de la valeur des biens qu'ils recueillent par rapport au reste de la succession, et ils ne sont également tenus qu'*intrà vires*.

6° Enfin, quelle est la mesure de la contribution des légataires universels ou à titre universel, en usufruit seulement, dans le paiement des intérêts ou arrérages des sommes ou rentes dûes par la succession ? Si l'usufruit porte sur l'universalité ou une quote-part fixe de l'universalité des biens, comme un tiers, ou un quart, aucune difficulté ne peut s'élever : c'est une quote-part semblable qui doit être supportée dans la charge des fruits. Mais si l'usufruit est établi, non sur une quote-part de tous les biens, mais sur la totalité ou sur une quote-part soit des meubles, soit des immeubles, il faut, pour établir la contribution, connaître la valeur relative de chaque nature de biens : une estimation est alors nécessaire, conformément à la disposition de l'art. 612. C. C.

Ainsi, tous ceux qui recueillent une fraction du patrimoine doivent contribuer au paiement des dettes de la succession et nous connaissons la mesure de leur contribution. Or, nous avons vu, en exposant les règles du droit de poursuite des créanciers héréditaires : 1° qu'un héritier ou un simple successeur aux biens peut se trouver contraint de payer l'intégralité d'une dette de la succession, soit parce qu'elle est indivisible, soit parce qu'elle rentre dans l'une des catégories prévues par l'art. 1221 ; 2° nous avons vu, d'un autre côté, que dans le cas de concours entre des représentants de la personne et de simples successeurs aux biens, les créanciers héréditaires peuvent ne poursuivre que les premiers ; 3° nous pouvons supposer enfin qu'un héritier ou un autre successeur universel acquitte volontairement l'intégralité d'une dette chirographaire et divisible. Dans tous ces cas, il y a lieu à un recours de la part du cohéritier ou du successeur qui a payé l'intégralité de la dette ou une part supérieure à sa part contributoire, contre ses cohéritiers ou cosuccesseurs. (1) Comment ce recours s'exercera-t-il ? Telle est la question que nous allons examiner, en distinguant les diverses hypothèses que nous venons d'indiquer.

I⁺ᵉ *Hypothèse.* — Un héritier ou un successeur à titre universel a été obligé de payer l'intégralité d'une dette indivisible ou d'une dette divisible du genre de celles dont s'occupe l'art. 1221. Quels moyens a-t-il pour se faire rembourser ce qui excède sa part contributoire ? La réponse à cette question se trouve dans les art. 1251 3°, 875, et 876 C. C. comb. Aux termes de l'art. 1251 3°, la subrogation a lieu de plein droit au profit de celui qui étant tenu *avec d'autres* ou *pour d'autres* au paiement de la dette avait intérêt de l'acquitter. Or, le cohéritier ou cosuccesseur universel poursuivi remplit bien ces conditions : il était tenu avec tous ses cohéritiers ou cosuccesseurs et pour eux, il est donc, lorsqu'il paie, légalement subrogé à tous les droits du créancier désintéressé, tant contre ses cohéritiers que contre les autres successeurs universels du défunt. Seulement, par dérogation aux principes généraux tant en matière de subrogation que d'hypothèque, il ne peut, d'après l'art. 875 qui consacre l'opinion admise, après une vive controverse, par notre ancienne

_____

(1) Ce recours appartient même au successeur anomal qui, par l'effet de l'hypothèque dont se trouvait grevé du chef du défunt l'un des immeubles par lui recueillis, a été contraint de payer la totalité d'une dette héréditaire. (V. MM. Aubry et Rau, V. § 610 bis et note 20.).

jurisprudence, sur les effets de la subrogation, exercer le recours qui lui compète que divisément et jusqu'à concurrence de la part pour laquelle chacune des personnes qui s'y trouve soumise est tenue de contribuer à la dette, lors même que l'une d'elles se trouverait détenteur d'un immeuble hypothéqué à cette dette.

Cette dernière disposition a eu pour but de prévenir les inconvénients qui seraient nécessairement résultés des recours successifs auxquels pouvait donner naissance la faculté pour le *solvens* de poursuivre pour le tout le cohéritier ou cosuccesseur détenteur d'immeubles hypothéqués à la dette qu'il venait d'acquitter : *res inter coheredes non sunt amarè tractandæ*. Elle se justifie également par l'obligation réciproque de garantie qui lie entre eux tous les successeurs universels qui viennent à la même succession. (884). (Chabot sur l'art. 875 1°; MM. Aubry et Rau, v, §637).

Il ne faut pas croire cependant que la restriction apportée aux droits que la subrogation dans les droits du créancier devait naturellement conférer au *solvens* rende cette subrogation inutile pour lui. Elle lui assure, en effet, le paiement des parts et portions dûes par les héritiers ou successeurs dans le lot desquels peuvent se trouver des immeubles hypothéqués à la dette acquittée.

Le *solvens* ne peut exercer son recours que divisément, même dans le cas où il s'est fait subroger conventionnellement aux droits du créancier qu'il désintéressait, car il est de principe que la subrogation conventionnelle ne saurait donner plus de droit que la subrogation légale. D'après quelques auteurs, la phrase « même dans le cas où le cohéritier qui a payé la dette se serait fait subroger aux droits du créancier » que nous trouvons dans l'art. 875 aurait eu pour but de rappeler et de consacrer ce principe. Pour nous, elle est le résultat d'une inadvertance des rédacteurs du code. Pothier avait le soin de dire que le recours serait encore divisé, alors même que l'héritier, en payant, se serait fait subroger aux droits du créancier (cout. d'Orl. art. 358), parce qu'à son époque la subrogation légale n'existait pas. Les rédacteurs du code ont dit la même chose, sans songer que cela n'était plus nécessaire dans la loi nouvelle qui, suppléant à toute convention, établit de plein droit la subrogation au profit du *solvens*.

Il convient également de remarquer que la cession-transport ou la délégation consentie par le créancier au *solvens* ne peut produire, en ce qui concerne la règle de division posée par l'art. 875, d'autres effets que la subrogation légale ou conventionnelle : car, s'il en était autrement, notre règle serait par trop facile à éluder et deviendrait illusoire.

Le *solvens* peut laisser de côté l'action à laquelle il a été subrogé et intenter l'action *negotiorum gestorum contraria* qui lui appartient de son chef. En agissant ainsi, il est privé des garanties et des avantages attachés à la créance originaire, mais il a le droit de demander les intérêts de ses avances (art. 2001). Cette action lui est encore utile dans le cas où la créance originaire est prescrite; elle ne peut d'ailleurs, comme cette dernière, être exercée contre chaque héritier ou cosuccesseur que dans les limites de la part contributoire de chacun (MM. Aubry et Rau, V, § 637 *in f.*).

L'art. 876 contient une autre disposition relative au recours dans l'hypothèse dont nous nous occupons. Dans tous les cas où un héritier ou un successeur universel a été contraint de payer l'intégralité d'une dette de la succession, par suite du caractère de cette dette, si l'un des héritiers ou successeurs universels contre lesquels le *solvens* doit recourir est insolvable, la part de cet insolvable dans la dette est répartie au marc le franc entre tous, y compris celui qui exerce le recours, de telle sorte que chacun des héritiers ou successeurs universels solvables est obligé de payer : 1° la part pour laquelle il est personnellement tenu de contribuer à la dette, 2° la part qu'il doit supporter du chef de l'insolvable.

Cette disposition est, comme celle de l'art. 875, une conséquence de l'obligation réciproque de garantie qui lie les successeurs universels entre eux (884, 885 C.C.). Pour qu'elle s'applique, il ne nous paraît pas nécessaire, comme on l'a soutenu, que l'insolvabilité existât déjà au moment où le paiement a été fait, il suffit qu'on ne puisse pas imputer au *solvens* une négligence ou un retard dans le recouvrement des ses avances. (M. Demo. xvii, n° 79.).

2me Hypothèse. — Si nous supposons une succession dont le passif est de 9000 francs dévolue à deux héritiers légitimes pour part égale et à deux légataires à titre universel pour 1/6 chacun, la part de dette que chaque héritier doit supporter en définitive est de 1/3 ou de 3000 francs, et celle qui incombe à chaque légataire de 1/6, soit 1,500 francs. Mais nous avons vu, en étudiant les règles du droit de poursuite, que les créanciers héréditaires peuvent, quand des représentants de la personne du défunt concourent avec de simples successeurs aux biens, laisser ces derniers de côté et n'agir que contre les premiers, à concurrence de leur part héréditaire; dans l'espèce ils peuvent demander 4,500 fr. à chacun des héritiers. L'un d'eux a payé cette somme, soit 1,500 francs de plus qu'il ne doit supporter en définitive, contre qui peut-il agir en remboursement de cet excédant et quels moyens a-t-il pour y arriver? Ces deux points ne peuvent soulever de difficulté. Il est certain d'abord qu'il n'a pas d'action contre son cohéritier, qu'il ne peut agir que contre les légataires, car, en payant sa part héréditaire, c'est-à-dire la 1/2 des dettes de la succession, alors qu'il ne prend en réalité que 1/3 de l'actif, par suite de la présence des légataires, c'est une partie de la dette de ces derniers qu'il a payée et non de celle de son cohéritier qui représente au même titre que lui la personne du défunt. D'un autre côté, comme il était pour tout ce dont sa part héréditaire dépasse sa part contributoire tenu avec les légataires vis-à-vis des créanciers, il est, aux termes de l'art. 1251 3°, légalement subrogé dans tous les droits du créancier contre ces derniers. Mais il ne peut, par application de l'art. 875, agir contre chacun d'eux, que dans la proportion de la quotité pour laquelle il est tenu de contribuer aux dettes dans ses rapports avec son colégataire, alors même qu'il aurait eu le soin de se faire subroger aux droits du créancier, et que l'un de ces successeurs serait détenteur d'un immeuble hypothéqué à la dette. Il ne peut donc, dans notre espèce, demander à chaque légataire que 750 fr., puisqu'ils ont des droits égaux dans l'actif et qu'ils doivent, en conséquence, supporter également le passif (MM. Aubry et Rau, V. § 637, texte b.)

La circonstance que l'un des légataires contre lesquels le recours doit s'exercer était insolvable au moment du paiement ou l'est devenu depuis, sans qu'on ait aucune faute ou négligence à reprocher au *solvens* pour le recouvrement de ses avances, ne peut donner naissance à un recours contre l'autre héritier. La part que l'insolvable devait supporter sera répartie, d'après l'art. 876, entre l'héritier demandeur en répétition et l'autre légataire. Ce dernier devra contribuer au paiement de cette part dans la proportion pour laquelle il contribue à la dette elle-même. Ainsi, dans l'espèce ci-dessus, pour 125 fr. représentant le 1/6 qui est sa part contributoire dans la dette (MM. Aubry et Rau, v, § 637, p. 364).

Les légataires qui ont remboursé à l'héritier leur part dans l'avance qu'il avait faite en acquittant sa part héréditaire, ne peuvent plus être poursuivis par les créanciers que sous la déduction de ce qu'ils ont payé à ce titre, par conséquent, dans notre espèce, pour 750 fr. Mais nous ne pensons pas qu'ils puissent encore exiger au regard du créancier la déduction des sommes qu'ils ont payées pour le compte de ceux d'entre eux qui se trouvaient insolvables, car autrement, comme le font remarquer MM. Aubry et Rau, toute la perte résultant des insolvabilités retomberait en définitive à la charge du créancier (§ 637).

3° *Hypothèse.* — Un héritier a acquitté *volontairement* l'intégralité d'une dette chirographaire et parfaitement divisible. Contre qui peut-il agir pour se faire rembourser tout ce qui excède sa part contributoire; quels moyens la loi lui offre-t-elle? En payant, il a fait l'affaire de tous ses cohéritiers et cosuccesseurs, puisque chacun d'eux pouvait être poursuivi par le créancier et doit en définitive supporter une partie de la dette; il peut donc agir contre chacun d'eux. Seulement, à la différence de ce qui a lieu dans le cas où le paiement a été forcé, il n'est pas subrogé de plein droit aux droits du créancier contre tous ceux contre lesquels il peut agir. Le créancier ne pouvait jamais lui demander que sa part héréditaire; il n'était donc tenu qu'avec les successeurs aux biens et pour eux, pour l'excédant de sa part héréditaire sur sa part contributoire. C'est donc contre eux seulement qu'il est subrogé par la loi (1251 3°), dans la mesure ci-dessus. Ainsi, en reprenant l'hypothèse déjà faite, le créancier est subrogé pour 1500 fr. contre les légataires, soit pour 750 fr., contre chacun d'eux. Quant aux 4500 fr. restants, il n'a que l'action *negotiorum gestorum contraria* pour les recouvrer, à moins qu'il n'ait eu le soin de se faire subroger conventionnellement aux droits du créancier qu'il désintéressait. Il peut les demander en totalité à son cohéritier, soit qu'il agisse en vertu d'une subrogation conventionnelle, soit qu'il préfère l'action contraire de gestion d'affaires. Il peut aussi n'agir contre lui que pour sa part contributoire et demander ensuite 750 fr. à chacun des légataires. Seulement, — autre différence avec la première hypothèse, — c'est sur le *solvens* que retombent les insolvabilités qui peuvent se produire : l'art. 876 ne s'applique pas dans notre cas.

4° *Hypothèse.* Nous supposerons, en dernier lieu, qu'un successeur à titre universel a payé *volontairement* l'intégralité d'une dette chirographaire et divisible. *Le solvens* se trouve dans la position de toute personne qui paie la dette d'autrui (1236, C. C.). Il n'a que l'action *negotiorum gestorum contraria*, s'il ne s'est pas fait subroger aux droits du créancier. Son recours, qu'il l'exerce par l'action du créancier ou par l'action de gestion d'affaires, peut avoir pour mesure toute l'étendue du droit de poursuite du créancier désintéressé : ainsi il peut demander à chacun des héritiers sa part héréditaire, sous la déduction, bien entendu, de la part qu'il doit lui-même supporter dans la dette. Si tous les successeurs sont solvables, il agira contre tous, à concurrence de leur part contributoire seulement.

Il y a encore lieu à l'application des règles de la contribution dans le cas de vente de l'hérédité. Nous avons vu que l'héritier restait, malgré la vente par lui consentie, seul soumis aux poursuites des créanciers héréditaires pour qui l'opération intervenue était *res inter alios acta.* Mais les dettes doivent en

définitive être supportées par l'acquéreur de l'hérédité, puisqu'il prend la totalité de l'actif. L'héritier aura donc son recours
contre lui pour se faire rembourser tout ce qu'il aura été obligé
de payer (art. 1698, C. C.).

Telles sont, dans notre droit moderne, les règles du droit de
poursuite et de la contribution aux dettes, quand les divers
successeurs acceptent purement et simplement la succession à
laquelle ils sont appelés. Nous allons étudier maintenant,
comme nous l'avons fait pour le droit romain et pour l'ancien
droit, les modifications que ces règles reçoivent, soit dans le
cas d'acceptation sous bénéfice d'inventaire, soit par suite d'une
demande en séparation des patrimoines.

CHAPITRE IV.

DE L'INFLUENCE DU BÉNÉFICE D'INVENTAIRE ET DE LA SÉPARATION DES PATRIMOINES SUR LE PAIEMENT DES DETTES HÉRÉDITAIRES.

SECTION 1re. De l'influence du bénéfice d'inventaire.

§ I. *Au point de vue du droit de poursuite.*

La première question qui se présente à l'esprit est celle de
savoir à quels successeurs, parmi ceux qui peuvent être appelés
à recueillir une succession, il peut être utile de n'accepter que
sous bénéfice d'inventaire. La réponse est facile : au point de
vue du droit de poursuite des créanciers héréditaires, l'acceptation bénéficiaire ne présente d'utilité que pour les héritiers et
pour les légataires universels saisis (1006). En effet, comme
nous allons le voir, le bénéfice d'inventaire a principalement
pour effet de limiter aux biens de la succession l'obligation

du successeur ; or, il n'y a d'obligés personnellement que les héritiers et les légataires universels qui ont la saisine.

Cela posé, nous supposerons remplies toutes les conditions requises pour l'existence du bénéfice d'inventaire (V. art. 793 à 810 C. C.), afin de donner plus de détails sur les effets de ce bénéfice dont l'étude se rattache plus spécialement à notre sujet.

I. Lorsque l'héritier (ou le légataire universel saisi) accepte purement et simplement la succession qui lui est dévolue, il s'opère une confusion complète entre son patrimoine et celui du défunt, de telle sorte que les créanciers de la succession ont désormais pour gage une masse composée et des biens héréditaires et des biens personnels de l'héritier. L'effet principal du bénéfice d'inventaire est d'empêcher cette confusion : l'héritier bénéficiaire n'est, par rapport aux créanciers héréditaires, qu'un simple administrateur comptable des biens de la succession, et ceux-ci peuvent en conséquence l'obliger à donner caution du mobilier et de la portion du prix des immeubles non déléguée (807), et encore, bien que la loi ne le dise pas expressément, des sommes payées par les débiteurs du défunt. Si l'héritier ne peut donner caution ou y suppléer par quelque autre garantie sur ses biens, il se trouve placé dans une position analogue à celle du curateur à succession vacante ; les sommes dues, les prix de vente ne lui sont pas remis, mais déposés à la caisse des dépôts et consignations.

— De la séparation des patrimoines qu'entraîne l'acceptation bénéficiaire découlent les conséquences suivantes :

a) L'héritier bénéficiaire reste soumis à toutes les obligations dont il pouvait être tenu envers le défunt ; mais, d'un autre côté, il conserve contre la succession toutes les créances qu'il pouvait avoir contre lui, et il peut faire valoir ses droits et actions à l'instar d'un tiers. Ainsi : 1° les actes sous seing privé souscrits par le défunt n'ont date certaine à son égard, lorsqu'il se présente comme créancier ou successeur à titre particulier du *de cujus*, qu'à dater du décès, à moins qu'ils n'aient été antérieurement enregistrés ou relatés dans des actes authentiques

(art. 1328) ; 2° s'il a une hypothèque sur les biens du
défunt, il peut la faire valoir, tant à l'égard des acquéreurs de
ces biens et des autres créanciers hypothécaires, que contre
ses cohéritiers; dans ce dernier cas, le droit de poursuite a pour
objet le montant de sa créance moins sa part contributoire ou
son émolument.

L'art. 2258. C. C. apporte cependant, en faveur de l'héritier
bénéficiaire, une exception au principe que nous avons posé ;
la prescription ne court pas contre lui à l'égard des créances
qu'il a contre la succession. Cette disposition n'a pas pour
motif, comme on l'a soutenu, la règle *contrà non valentem agere
non currit præscriptio*, car l'héritier bénéficiaire peut toujours
agir, soit contre ses cohéritiers, soit contre un curateur au
bénéfice d'inventaire qu'il peut faire nommer, s'il n'a pas de
cohéritiers (996 Pr. C) ; elle a pour but de ne pas placer l'héritier bénéficiaire dans la nécessité de faire des frais contre la
succession.

b) Les créanciers héréditaires ne peuvent invoquer contre
l'héritier bénéficiaire, lorsqu'il agit en son propre nom, aucune
exception du chef du défunt et réciproquement, aucune exception ne peut lui être opposée de son propre chef, lorsqu'il agit
au nom du défunt. Ainsi l'héritier bénéficiaire qui revendique
son immeuble aliéné par le défunt, ne peut être, comme l'héritier pur et simple, repoussé par la maxime : *Quem de evictione
tenet actio eumdem agentem repellit exceptio* ; il est seulement
tenu d'indemniser l'acquéreur sur les biens qu'il a retirés de la
succession, s'il y a lieu, c'est-à-dire, si l'aliénation était à
titre gratuit et avec clause de garantie, ou à titre onéreux, sans
clause de non garantie. De même, si un immeuble a été vendu
par le *de cujus*, successivement à celui qui est devenu son héritier bénéficiaire et à un tiers, celui-là restera propriétaire qui le
premier aura fait transcrire son titre (loi du 23 mars 1855, art. 3).
Enfin les dettes de la succession ne peuvent être opposées en
compensation aux créances personnelles de l'héritier bénéficiaire.

c) L'héritier bénéficiaire n'est pas tenu personnellement et sur
son propre patrimoine des dettes et charges de l'hérédité, il

n'en est tenu que sur les biens qui appartenaient au *de cujus* au moment de son décès et par conséquent à concurrence seulement de la valeur de ces biens. Ce n'est pas cependant ce qu'à une première lecture semble indiquer l'art. 802 C. C. Cet article dispose, en effet, que par suite du bénéfice d'inventaire, l'héritier n'est tenu des dettes de la succession que jusqu'à concurrence de la valeur des biens qu'il a recueillis, et, à ne s'en référer qu'à cette disposition, si on ne peut élever aucune contestation sur l'étendue de l'obligation de l'héritier bénéficiaire, on pourrait douter cependant de l'étendue des biens sur lesquels il peut être valablement poursuivi. En un mot, tenu des dettes, sans aucune discussion possible, *intrà vires successionis*, on pourrait se demander si dans les limites de ces forces, l'art. 802 ne permet pas d'actionner l'héritier bénéficiaire sur ses biens personnels. Mais cette opinion ne peut être sérieusement soutenue. Si l'art. 802 n'est pas très clair, l'art. 803 ne laisse aucun doute. Puisque, d'après cet article, il est certains cas où par exception l'héritier bénéficiaire peut-être poursuivi sur ses biens personnels, c'est qu'en général le droit des créanciers se borne à l'actionner sur les biens de la succession.

Du moment que l'héritier bénéficiaire n'est tenu des dettes de la succession que sur les biens qui la composent, les créanciers héréditaires n'ont aucun droit, soit sur les biens dont cet héritier devait le rapport ou dont le rapport lui était dû (art. 843), soit sur ceux qui proviendraient d'une action en réduction intentée par lui contre une donation qui portait atteinte à sa réserve. Ces biens n'appartenaient plus, en effet, au *de cujus* au moment de son décès, ils ne font donc pas partie de ceux que l'héritier recueille de la manière dont l'entend l'art. 802. — Les créanciers héréditaires n'ont pas droit davantage au prix que l'héritier a pu retirer de la cession de ses droits successifs ; c'est sans doute là un bénéfice que celui-ci gagne à l'occasion de la succession, mais ce n'est pas un avantage qu'à proprement parler il en obtient, car, après comme avant la cession, l'actif de la succession est toujours au même point et c'est sur cet actif seul que, par suite du bénéfice d'inventaire, les créanciers ont droit de se payer. Enfin, ils ne peuvent rien prétendre sur les sommes que l'héritier obtient, à titre de réparation civile, contre le meurtrier du *de cujus*.

Mais, si l'héritier bénéficiaire n'est tenu des dettes que sur les biens de la succession, du moins doit-il être tenu envers les créanciers et les légataires sur tous ces biens (Cass. 23 av. 1866 — Dev. 66. 1, 290). Ainsi, les créanciers ne peuvent faire saisir les rentes sur l'Etat dépendant de la succession, ou s'opposer à ce qu'elles soient immatriculées au nom de l'héritier, puisque ces rentes sont déclarées insaisissables par la loi du 8 nivôse an XI (art. 4) et par la loi du 24 floréal an VII (art. 7); mais ils ont le droit d'exiger que l'héritier bénéficiaire leur fasse compte de leur valeur [M. Trouillier, Rev. prat., xi, p. 161. Cass. 8 mai 1854 (Sir. 54. 1. 309); Paris, 22 mars 1855 (Pal. 2e vol. de 1856, p. 164); Cass. 8 mars 1859 (Sir. 60. 1. 418); Trib. de la Seine 31 août 1860 (Gaz. des Trib. du 15 sept. 1860); M. Demo., (xv. n° 166)].

— Tant que dure le bénéfice d'inventaire et que les créanciers de la succession ne peuvent agir sur les biens personnels de l'héritier, il est juste que les effets soient réciproques et que ceux-ci puissent repousser, sur les biens de la succession, le concours des créanciers personnels de l'héritier qui n'y peuvent rien prétendre du chef de leur débiteur réduit au rôle de simple administrateur. Il en doit être ainsi, pour les meubles, même après les 3 ans fixés pour la prescription par l'art. 880, et quant aux immeubles, lors même que les créanciers de la succession n'auraient pas pris inscription conformément à l'art. 2111. Ce dernier point fait cependant l'objet d'une controverse et la nécessité de l'inscription a été consacrée par un arrêt de la C. de Lyon du 20 déc. 1855. Il nous semble pourtant que l'art. 2111 ne vise pas notre hypothèse et que nous ne retrouvons plus la raison qui a fait exiger l'inscription, du moment que les tiers qui peuvent traiter avec l'héritier bénéficiaire sont avertis de sa position par l'accomplissement des formalités exigées par les art. 793 et s. [V. arrêt du 3 août 1857 (Pal. 57. p. 1226) qui casse l'arrêt de Lyon précité, et un arrêt de rej. du 7 août 1860. (Pal. 61, p. 760)].

Mais, si l'héritier bénéficiaire convertit son titre en celui d'héritier pur et simple, soit par une renonciation, soit en sortant de son rôle d'administrateur, la séparation des patrimoines produite par le bénéfice d'inventaire cesse-t-elle, au préjudice des créanciers héréditaires et des légataires ?

La négative triomphe aujourd'hui dans la doctrine et surtout dans la jurisprudence. Voici comment on raisonne : dans le cas où la succession n'est acceptée que sous bénéfice d'inventaire, une demande en séparation des patrimoines de la part des créanciers et des légataires est inutile, puisque cette acceptation empêche l'héritier de confondre ses droits avec ceux du défunt : la loi opère dans ce cas une séparation dont le bénéfice ne peut être enlevé aux créanciers par un fait postérieur. Si l'héritier qui dispose des biens de la succession sans observer les formes prescrites devient héritier pur et simple (998 et 989. Pr. c.), c'est là une sorte de pénalité établie dans l'intérêt des créanciers et qui ne doit pas tourner contre eux. L'héritier bénéficiaire n'étant qu'un administrateur comptable ne peut se créer un droit par son propre fait ; une doctrine contraire favoriserait la fraude, puisqu'elle lui permettrait de frustrer les créanciers du droit de préférence que la loi leur accorde, en faisant à leur insu acte d'héritier pur et simple, postérieurement au délai de six mois fixé par l'art. 2111. [MM. Aubry et Rau, v, p. 235-237 ; Massé et Vergé, ii, 341, 342 ; Blondeau, de la séparat. des pat. 507, 508. ; Tambour, du bénéf. d'inv. 405 et s., cass. 8 juin 1863 (Pal. 1863, p. 1030); et 7 août 1860, 1861 p. 760].

Malgré ces raisons, nous croyons que la séparation des patrimoines produite par le bénéfice d'inventaire cesse quand l'héritier renonce à sa qualité de bénéficiaire ou en est déchu et qu'alors les créanciers personnels de celui-ci peuvent venir sur les biens de la succession en concours avec les créanciers héréditaires, si ceux-ci n'ont pas eu le soin de prendre l'inscription requise par l'art. 2111. En effet, c'est en faveur de l'héritier qu'a été introduit le bénéfice d'inventaire, celui-ci peut donc toujours y renoncer. Or, toute acceptation pure et simple, toute déchéance ayant un effet rétroactif au jour de l'ouverture de la succession (art. 777), le patrimoine du défunt et celui de l'héritier sont censés légalement confondus à partir de cette époque et la loi n'ayant donné aux créanciers héréditaires et aux légataires qu'un moyen de se prémunir contre les effets de cette confusion, la séparation des patrimoines, il en résulte que le concours des créanciers personnels de l'héritier est inévitable, si la séparation ne peut plus être demandée. — La position faite aux créanciers héréditaires par l'acceptation bénéficiaire est donc tout à fait précaire ; une faute ou un changement de volonté de la part de l'héritier peut la leur faire perdre. Ils ont donc intérêt, lorsque la succession est bonne et que l'héritier est d'une solvabilité douteuse, à prendre les mesures conservatoires du droit à la séparation. [MM. Marcadé (art. 881, n° 7) ; Pont (des priv. et hyp. art. 2111, n° 301) ; Demante (III, n° 125, bis I) ; Lyon, 4 juill. 1835 (Dev. 36, 2, 464)].

— S'il y a plusieurs héritiers appelés et que l'un d'eux n'accepte la succession que sous bénéfice d'inventaire, cette acception n'entraîne-t-elle la séparation des patrimoines qu'à l'encontre des créanciers personnels de cet héritier ou la produit-elle d'une manière absolue, même à l'égard des créanciers des autres héritiers qui ont accepté purement et simplement? trois opinions sont en présence.

La 1ère, consacrée par la jurisprudence, enseigne que la séparation est produite *ergà omnes*, non seulement tant que dure l'indivision, mais même après qu'elle a cessé [Caen, 21 nov. 55 (J. du Pal. 2e vol. de 1857, p. 1060); Cass, 3 août 1857, (le droit du 1er oct. 1857)].

Pour la 2me, cet effet absolu n'a lieu que tant que dure l'indivision ; après le partage, la séparation des patrimoines ne subsiste plus qu'au regard des créanciers personnels de l'héritier bénéficiaire. [MM. Aubry et Rau (V. p. 236) ; Massé et Vergé (II, p. 342) ; Dufresne (sépart. des Pat. n° 79) ; Cass. 11 déc. 1854. (Sir. 55, 1, 277), et arrêt du 25 août 1858 (Sir, 59, 1, 65) cassant l'arrêt de Caen précité].

Enfin, d'après la 3me opinion, la séparation des patrimoines n'est produite qu'à l'égard de l'héritier bénéficiaire, soit pendant l'indivision, soit après le partage (M. Demo., XV, n° 173).

Nous n'hésitons pas à admettre cette dernière opinion. C'est celle qui nous semble devoir être suivie, même dans le cas où

l'on admettrait que l'acceptation sous bénéfice d'inventaire produit véritablement la séparation des patrimoines au profit des
créanciers héréditaires. On ne peut, en effet, soutenir sérieusement que la séparation des patrimoines existe, après le partage,
à l'encontre des créanciers personnels des héritiers purs et simples : Aux termes de l'art. 883, chaque héritier est censé avoir
succédé seul aux objets mis dans son lot; ses créanciers personnels ne doivent donc avoir vis-à-vis des créanciers héréditaires
que la position que leur débiteur leur a faite; or, quand celui-
ci accepte purement et simplement, les biens de la succession
se confondent avec les siens propres, et ils forment, dès lors, au
même titre que ces derniers, la gage de ses créanciers personnels.

La solution doit être la même si on se place pendant l'indivision.
On objecte « que le régime du bénéfice d'inventaire est de sa nature
indivisible; qu'on ne concevrait pas une succession administrée
bénéficiairement par l'un des héritiers et appréhendée purement
et simplement par l'autre (arrêt de la Cour de Metz, du 25 juill.
1865, Palais 66, p. 928). Mais cet argument n'est pas fondé. Supposons, en effet, le défunt copropriétaire par indivis avec un
tiers et sa succession acceptée bénéficiairement par un héritier
unique, est-ce que le régime de l'acceptation bénéficiaire ne
sera pas restreint à la part indivise laissée par le défunt? L'autre
propriétaire ne conservera-t-il pas le droit de disposer de sa
part, comme bon lui semble? On n'a jamais osé soutenir le contraire. Et pourquoi en serait-il autrement dans le cas où, de plusieurs héritiers appelés à une succession, les uns ont accepté
purement et simplement et les autres bénéficiairement? Quelle
raison y a-t-il d'enlever à ceux qui ont entendu représenter le
défunt, la faculté de disposer de la part qui leur revient et
d'écarter leurs créanciers personnels du gage que leur a donné
l'acceptation pure et simple de leur débiteur? Si les créanciers
héréditaires se défient de la solvabilité des héritiers purs et simples, ils n'ont, comme le fait remarquer M. Labbé (en note de
l'arrêt précité), qu'à demander la séparation des patrimoines;
mais s'ils gardent le silence, l'intérêt pratique conseille de
laisser à ces héritiers la libre disposition de la part qui leur revient.

On objecte encore que l'acceptation bénéficiaire d'un seul rend un inventaire nécessaire, que cet inventaire comprend tous les biens de la succession et a par là même pour conséquence de les soustraire tous au régime de la confusion. Cette raison est loin d'être concluante. Sans doute, l'inventaire dressé à la requête de l'un des héritiers empêche tous les biens héréditaires de se confondre *en fait* avec ceux des héritiers, il permet de les reconnaître toujours; mais il ne forme pas obstacle à la confusion *de droit* que l'acceptation pure et simple d'un héritier entraine entre son patrimoine et celui du défunt. L'acceptation bénéficiaire peut seule empêcher cette confusion de droit et le parti que prend un héritier relativement à sa part ne peut évidemment avoir d'effet que pour cette part.

II. Non seulement l'héritier bénéficiaire n'est tenu des dettes qu'*intrà vires*, la loi lui reconnait encore la faculté de se décharger de leur paiement par l'abandon des biens héréditaires (802).

Quel est le caractère d 'et abandon? L'héritier qui use de la faculté que lui donne l'art. 802 doit-il être considéré comme renonçant à la succession ?

Cette question présente de l'intérêt aux deux points de vue suivants :

1° Si l'abandon constitue une renonciation à la succession, l'héritier bénéficiaire n'aura pas droit à l'excédant que l'actif héréditaire pourra présenter sur le passif : cet excédant appartiendra, soit à ses cohéritiers, auxquels sa part accroîtra, soit, s'il n'a pas de cohéritier, à l'héritier du degré subséquent qui sera appelé à la succession. 2° D'un autre côté, l'héritier sera affranchi vis-à-vis de ses cohéritiers du rapport auquel l'avait soumis son acceptation bénéficiaire (art. 843).

La solution qu'il convient d'adopter ne nous parait pas douteuse : pour nous, l'héritier bénéficiaire qui abandonne est déchargé du paiement des dettes, il cesse d'être administrateur ; mais il reste propriétaire des biens abandonnés, comme le débiteur qui fait cession de biens (1265), ou le tiers détenteur qui délaisse sur les poursuites des créanciers hypothécaires (2172);

de telle sorte qu'il n'y a pas lieu à la nomination d'un curateur à succession vacante (811) et que les créanciers doivent s'entendre pour la liquidation. (Vide art. 803, et la maxime *semel heres semper heres*). — On a fait cependant remarquer contre cette solution que les délais pour faire inventaire et délibérer étaient placés dans le code après les dispositions qui traitent des formalités du bénéfice d'inventaire, et on en a déduit que la loi avait entendu conserver à l'héritier bénéficiaire la faculté de délibérer et lui permettre ainsi de renoncer. Puis on a invoqué la nature même du bénéfice d'inventaire qui ne peut jamais être retourné contre l'héritier ou lui porter préjudice. Mais ces deux arguments ne sont pas sérieux : On ne peut pas bâtir tout un système sur un ordre d'articles plus ou moins logique, et d'un autre côté cet abandon est déjà une faculté assez exorbitante, pour qu'il ne soit pas permis de l'exagérer. D'ailleurs, il serait par trop bizarre qu'un homme qui a examiné les forces d'une succession, dressé un inventaire et fait au greffe une déclaration d'acceptation, pût ensuite venir prétendre qu'il s'est réservé le droit de délibérer et de renoncer. Le simple bon sens indique qu'il s'en est définitivement dépouillé et qu'il n'a pas le droit d'éteindre par un effet de sa seule volonté, les engagements qu'il a contractés envers ses cohéritiers [Cass. 25 mars 1841 et Limoges, 30 juin 1852 (Pal. 53, 1, 703)].

Cet abandon n'est valable qu'autant qu'il porte sur tous les biens recueillis et qu'il est fait en faveur de tous les créanciers et de tous les légataires. Nous ne croyons pas cependant, comme on l'a soutenu, que l'héritier serait déchu du bénéfice d'inventaire, s'il n'avait fait l'abandon qu'à quelques créanciers, pourvu bien entendu, qu'il ait eu l'intention de se démettre seulement de la possession et de l'administration des biens, et non de faire une dation en paiement.

Le code n'ayant pas fixé la forme dans laquelle cet abandon doit être fait, l'héritier peut à son choix, ou bien le faire notifier individuellement à chaque créancier et légataire, ou bien faire une déclaration au greffe du Tribunal où la succession s'est ouverte (arg. art. 784, 2174, C. C.). Ce dernier moyen nous paraît préférable à cause du peu de frais qu'il entraîne.

Une fois que cet abandon a eu lieu, l'héritier bénéficiaire ne peut plus être actionné. C'est contre les créanciers et les légataires ou contre le curateur, s'il y en a un, qu'il faudra désormais agir. Permettre, en effet, d'actionner l'héritier bénéficiaire, ce serait le charger, au moins pour une partie, d'une administration dont l'exemptent le texte et l'esprit de la loi.

III. Le troisième effet du bénéfice d'inventaire nous est indiqué par l'art. 2146, C. C. Cet article frappe d'inefficacité, dans les rapports des créanciers d'une succession entre eux, toute inscription prise par l'un d'eux depuis l'ouverture de cette succession, dans le cas où elle n'est acceptée que sous bénéfice d'inventaire, que l'acceptation soit volontaire ou forcée (art. 461 et 509, C. C. : *lex non distinguit*). Ainsi, si le bénéfice d'inventaire modifie les rapports des créanciers avec l'héritier, il ne change nullement leur situation vis-à-vis les uns des autres : si les biens sont insuffisants pour les désintéresser tous entièrement, chacun d'eux devra supporter sa part proportionnelle dans la perte, car la loi lui enlève la possibilité d'acquérir une cause de préférence à l'encontre de ses cocréanciers.

Cette disposition a été inspirée par un sentiment de justice et d'équité. Le législateur, comme cela résulte du rapprochement des deux alinéas qui composent l'art. 2146, est parti de cette idée, très-souvent inexacte, que l'acceptation bénéficiaire fait présumer l'insolvabilité du défunt; puis il s'est dit, que dans le cas où la succession n'est acceptée que bénéficiairement, les créanciers placés sur les lieux et instruits de la mort de leur débiteur pourraient prendre toutes les précautions, tandis que les créanciers plus éloignés et avertis postérieurement arriveraient le plus souvent trop tard et verraient ainsi la part qui doit leur revenir réduite à néant ou à un très-faible dividende ; et, pour empêcher cette injustice de se produire, il a arrêté d'une manière définitive l'état des affaires du défunt au jour de son décès. Notre règle conduit cependant à des conséquences que la raison repousse : ainsi, par suite de cette disposition, des créanciers qui n'ont peut-être traité que sur la foi d'une hypothèque, pourront se trouver tout à coup, sans qu'aucune négligence puisse leur être reprochée, privés de la garantie en vue de laquelle ils ont contracté. Aussi est-elle généralement critiquée, et nous ne doutons pas qu'elle ne fût profondément modifiée, si une révision du Code avait lieu.

Il ne faut pas, du reste, en exagérer la portée : 1° celui qui n'est pas créancier de la succession peut prendre inscription sur les immeubles qu'elle possède comme tiers détenteur. De même, si l'immeuble hypothéqué et appartenant au défunt avait été aliéné par lui, l'acceptation de sa succession sous bénéfice d'inventaire n'empêcherait pas le créancier de s'inscrire sur le tiers détenteur (Troplong, priv. et hyp., n° 658 *bis* ; MM. Aubry et Rau, II, § 272, p. 781) ; ces inscriptions ne portent, en effet, aucune atteinte au gage des créanciers héréditaires.

2° D'un autre côté, l'art. 2146 ne s'oppose pas au renouvellement d'une inscription déjà prise. Il est juste, en effet, de fournir aux créanciers le moyen de conserver leurs droits, puisque l'acceptation bénéficiaire n'empêche pas la péremption de l'inscription (Trop. *loc. cit.*, n° 660 bis).

3° Cet article est aussi étranger aux hypothèques légales dispensées d'inscription (art. 2121, 2135). Ces hypothèques peuvent être prises utilement et d'une manière complètement efficace, malgré l'acceptation bénéficiaire, tant qu'il ne s'est pas écoulé un an depuis la dissolution du mariage ou la cessation de la tutelle (loi du 23 mars 1855, art. 8; MM. Aubry et Rau, § 260, n° 2).

4° S'applique-t-il aux privilèges ? La question est controversée. La raison de douter vient de ce que, tandis qu'en matière d'hypothèques, l'inscription fait naître pour ainsi dire le droit de préférence, lorsqu'il s'agit d'un privilège, à cause de l'effet rétroactif qui lui appartient dans ce cas, elle ne fait que conserver ce droit de préférence déjà né et acquis au créancier. Mais la raison de décider affirmativement se tire de cette considération que l'inscription est aussi nécessaire pour l'efficacité des privilèges que des hypothèques, de la généralité de notre article et aussi de la rubrique du chapitre où il se trouve.

L'art. 2146 s'applique donc aux privilèges comme aux hypothèques, mais voici d'après quelles distinctions : 1° Il est étranger d'abord aux priviléges dispensés d'inscriptions (2101, 2102); 2° quand deux inscriptions sont requises pour la conservation du privilége (2103 4° et 5°), si la première inscription a été prise avant l'ouverture de la succession bénéficiaire, la deuxième peut être valablement prise après, pourvu qu'elle le soit avant l'expiration du délai fixé par la loi (art. 2109 et loi du 5 septembre 1807; MM. Aubry et Rau, ii, p. 810, et Limo. 1er mars 1847 (Sir. 47. 2, 637)]. 3° Le privilége du vendeur peut-il être encore inscrit après l'ouverture de la succession bénéficiaire de l'acheteur ? La question doit être résolue affirmativement, quand il s'est écoulé moins de 45 jours depuis la vente (arg. art. 6, loi du 23 mars 1855), et négativement quand la vente remonte à une date plus éloignée (art. 2146. — V. contrà Besançon, 14 déc. 1861, Sir. 62, 2, 129). Mais si le vendeur ne peut rendre son privilége efficace à l'égard des créanciers héréditaires, il peut toujours exercer son action résolutoire. On oppose à cette solution la disposition de l'art. 7 de la loi du 23 mars 1855; mais on peut répondre, avec MM. Aubry et Rau (ii, § 278, note 8), que l'inefficacité relative dont se trouve frappée l'inscription prise postérieurement à l'ouverture de la succession bénéficiaire, paralyse bien, dans une certaine mesure, l'exercice du privilége, mais n'entraîne pas son extinction, dans le sens de la disposition précitée, c'est-à-dire sa perte absolue et définitive. D'un autre côté, d'après l'article 7, le vendeur n'est déchu de son action résolutoire que vis-à-vis des tiers qui ont acquis du chef du défunt des droits sur l'immeuble et qui les ont dûment conservés. Or, les créanciers d'une succession bénéficiaire ne jouissent, en cette qualité, d'aucune hypothèque légale sur les immeubles de la succession, ils ne peuvent donc être considérés comme des tiers dans le sens de cet art. 7 (Montp. 6 avr. 1850, Sir. 50, 2, 503 ; Cass. 27 mars 1861, Sir. 61, 1, 758; contrà Troplong, transcr., p, 458).

Quand il y a plusieurs héritiers et que l'un d'eux n'accepte que sous bénéfice d'inventaire, le sort des inscriptions prises depuis l'ouverture de la succession sur les immeubles qui en dépendent est en suspens, tant que dure l'indivision. Si ces immeubles sont vendus en commun par les héritiers ou sur les poursuites des créanciers, ces inscriptions seront destituées de toute efficacité ; s'ils sont partagés en nature, elles produiront leur effet sur ceux qui seront mis dans les lots des héritiers purs et simples (MM. Aubry et Rau, 273, texte et note 38).

Remarquons enfin, pour en terminer avec l'art. 2146, que si, par une cause quelconque, l'héritier bénéficiaire est déclaré héritier pur et simple, les inscriptions prises depuis l'ouverture de la succession conservent toute leur efficacité, de même qu'en sens contraire, les inscriptions prises valablement par suite de l'acceptation pure et simple de l'héritier restent sans effet entre les créanciers héréditaires, si l'acceptation de celui-ci est annulée sur l'exercice de l'action paulienne (1167).

IV. L'acceptation bénéficiaire rend-elle immédiatement exigibles toutes les créances à terme contre la succession? Pour soutenir l'affirmative, on a dit : les créanciers héréditaires n'ayant plus qu'un gage isolé et restreint qui ne peut plus s'accroître, doivent tous avoir le droit de se présenter pour obtenir, sinon leur paiement intégral, au moins un dividende; d'autant plus que l'acceptation bénéficiaire met la succession en état de liquidation générale et de déconfiture, et que cet état entraîne la déchéance du terme (art. 1188, 1013). De plus, l'art. 2146 met l'acceptation bénéficiaire sur la même ligne que la faillite, et l'art. 808, en déclarant qu'en l'absence d'opposition l'héritier paiera les créanciers au fur et à mesure qu'ils se présenteront, prouve que le législateur ne fait aucune distinction entre les créances exigibles et les créances à terme, car, si cette distinction avait lieu, il y aurait une injustice à forcer le créancier à terme « à rester spectateur tranquille de cette liquidation qui épuisera le gage et ne lui laissera rien à l'échéance. »

Malgré ces raisons, nous pensons que l'acceptation bénéficiaire seule ne prive pas l'héritier du terme stipulé par son auteur. Cette opinion a pour elle le silence de la loi, et ce n'est pas le moindre argument, surtout quand il s'agit d'une déchéance; elle est conforme, de plus, à la nature du bénéfice d'inventaire qui a été introduit dans l'intérêt unique de l'héritier et ne doit pas être dès lors retourné contre lui, comme cela arriverait s'il le privait du terme. — Les arguments de la 1re opinion ne résistent pas à l'examen : l'acceptation bénéficiaire ne constitue pas toujours, en effet, la succession en état de déconfiture (461, 776, 782), et, d'autre part, l'assimilation que l'art. 2146 fait, à un point de vue spécial, entre la faillite et l'acceptation sous bénéfice d'inventaire, ne peut être étendue du moment qu'elle ne se justifie que très difficilement. Nous ajouterons que les créanciers à terme ne courent aucun danger puisqu'ils peuvent former opposition entre les mains de l'héritier bénéficiaire et se faire admettre à produire aux ordres et contributions. [M. Demo. XV, n° 168; Paris, 7 février 1844 (Palais, 2e vol. de 1846, p. 390)].

V. S'il y a plusieurs héritiers et que l'un deux accepte sous bénéfice d'inventaire, cette acceptation fait-elle obstacle à la division des dettes? Prenons un exemple pour rendre la question plus sensible : Primus meurt laissant deux héritiers, un actif de 20,000 fr. et 2,000 fr. de dettes ; un héritier accepte sous bénéfice d'inventaire et l'autre purement et simplement, puis ce dernier devient insolvable; le créancier peut-il demander à l'héritier bénéficiaire, qui détient encore pour 9,000 fr. de valeurs héréditaires, le paiement des 1,000 fr. dûs par l'insolvable? Voici comment raisonnent les partisans de l'affirmative : l'héritier bénéficiaire n'est, dit-on, à l'égard des créanciers de la succession, qu'un administrateur comptable des biens du défunt qui forment désormais leur gage indivisible (803) ; il ne saurait donc retenir par devers lui une partie quelconque de ces biens tant que les créanciers héréditaires ne sont pas intégralement désintéressés. S'il en était autrement, il se reconnaîtrait comme le représentant du défunt et, par suite, il serait tenu envers les créanciers personnellement et sur ses propres biens. On ne peut pas admettre, en effet, que l'héritier bénéficiaire puisse invoquer tour à tour le principe de la séparation pour mettre ses propres biens à l'abri des poursuites des créanciers héréditaires, et ensuite le principe de la confusion, c'est-à-dire de la transmission héréditaire, pour s'approprier quelque bien de la succession à l'encontre du droit de ces derniers [Paris, 25 août 1810, Sir. 1810, 2, 2, 357; Caen, 17 janv. 1855, Sir. 57, 2, 295; Poujol (des succ. art. 873, n° 3); Bilhard (du bénéf. d'inv., n° 109)].

La négative nous semble préférable : nous croyons que l'héritier bénéficiaire n'est, comme l'héritier pur et simple, tenu des dettes de la succession que dans la proportion de sa part héréditaire, du moment que nous ne trouvons contre lui, dans l'art. 1224, aucune exception au principe fondamental de la division des dettes posé dans les art. 873 et 1220, C. C. — L'héritier bénéficiaire se trouve dans une situation mixte : en sa qualité d'héritier, il n'est obligé que pour sa part héréditaire, et, en sa qualité de bénéficiaire, il n'est tenu, dans cette mesure, que sur les biens de la succession et jusqu'à concurrence seulement de leur valeur ; il n'est plus alors vis-à-vis des créanciers qu'un administrateur. Les principes généraux conduisent nécessairement à cette solution. C'est en effet dans l'intérêt de l'héritier qu'a été établi le bénéfice d'inventaire, et si on l'obligeait à abandonner les biens de la succession au delà de la part qu'il aurait seulement supportée s'il avait accepté purement et simplement, on le traiterait plus durement qu'un héritier pur et simple. — Remarquons encore, avec Merlin (Rép. v° bénéf. d'inv., n° 25), que l'art 802 ne dit pas que l'héritier bénéficiaire est tenu dans tous les cas jusqu'à concurrence des biens qu'il a recueillis, mais seulement qu'il n'est tenu qu'à concurrence de leur valeur [MM. Aubry et Rau, v. p. 233; Demo. XV, n° 109; Dur. VII, n° 109. — Cass., 22 juill. 1811 (Sir 1812, 1, 303) et 7 juin 1857 (Sir. 57, 1, 465)].

En principe, l'héritier bénéficiaire n'est donc tenu des dettes que pour sa part. Exceptionnellement, les créanciers peuvent lui demander la totalité d'une dette héréditaire, lorsque cette dette est indivisible, même *solutione*, et pour l'obtenir, atteindre tous les biens qui composent son lot. Il peut ainsi être poursuivi hypothécairement pour le tout.

Quelle est, d'une manière générale, la position de l'héritier bénéficiaire poursuivi hypothécairement ? Peut-il délaisser, purger ou opposer l'exception de discussion ?

a) L'héritier bénéficiaire est l'unique héritier du débiteur. — Si la dette est celle d'un tiers, il peut délaisser, comme aurait pu le faire son auteur. Mais si ce dernier était personnellement obligé, nous croyons qu'il n'a, pas plus que l'héritier pur et simple, le droit de délaisser, de purger ou d'opposer l'exception de discussion Sans doute, celui qui n'est pas personnellement obligé à la dette peut user de ces trois moyens (art. 2170, 2172, et 2181 C. C.), et l'héritier bénéficiaire n'est pas personnellement tenu des dettes héréditaires (802); mais remarquons qu'il ne peut pas agir pour son propre compte, puisque, pour n'être pas tenu personnellement de ces dettes, il a pris, par rapport aux créanciers, la position d'un simple administrateur. C'est donc pour le compte de la succession qui est restée grevée de toutes les dettes qu'il doit procéder; or, la succession représente le débiteur, elle n'est pas un tiers par rapport aux créanciers hypothécaires, elle doit donc respecter toutes les conséquences du contrat constitutif d'hypothèque (M. Labbé, Rev. crit., VIII, p. 214).

b) L'héritier bénéficiaire est en concours avec d'autres héritiers; peut-il, sa part payée, délaisser, purger ou opposer l'exception de discussion? Cet héritier nous semble être dans la même position que l'héritier pur et simple : il doit être admis au délaissement, mais il ne peut ni purger, ni opposer l'exception de discussion.

VI. En résumé, lorsque l'héritier n'accepte que sous bénéfice d'inventaire, les créanciers héréditaires ont pour gage les biens laissés par le défunt, mais ils n'ont que ces biens. Il nous reste à indiquer comment ces créanciers peuvent faire valoir leurs droits, lorsque l'héritier conserve l'administration de la succession et les règles que celui-ci doit suivre pour leur paiement.

A. La première question qui s'est posée est celle de savoir si le droit d'administration conféré à l'héritier bénéficiaire est tellement exclusif qu'il mette obstacle à l'exercice de tout droit individuel, par exemple, si les créanciers héréditaires peuvent faire saisir-arrêter les sommes dues à la succession ou frapper de saisie les meubles et les immeubles qui en dépendent. Il ne s'est pas formé moins de trois opinions.

La première, partant de cette idée que l'héritier a mandat d'administrer mais non de liquider la succession, enseigne que les créanciers peuvent faire saisir les biens meubles et immeubles qui la composent, mais qu'ils ne peuvent pratiquer des saisies-arrêts (MM. Aubry et Rau, v, p. 206, 307). — La distinction sur laquelle repose ce système est purement divinatoire, elle n'a aucune base dans la loi, elle ne saurait donc être admise.

D'après la deuxième opinion, l'héritier bénéficiaire administre pour tous les intéressés, comme le syndic d'une faillite; il est chargé de liquider, et dès lors les créanciers héréditaires ne peuvent exercer les poursuites que le droit commun autorise (571 C. Com.), car ces poursuites paralyseraient l'administration de l'héritier, elles l'empêcheraient de rien recevoir et augmenteraient les frais de procédure au grand détriment de tous [Trib. civ. de la Seine, 6 déc. 1855, et 28 juil. 1860 (le Droit du 10 déc. 1855 et du 22 sept. 1860)].

Nous adoptons la troisième opinion qui, malgré l'acceptation bénéficiaire, reconnaît aux créanciers et aux légataires tous leurs droits de poursuites individuelles et leur permet, en conséquence, de saisir les biens de la succession ou de saisir-arrêter les sommes qui peuvent lui être dues. Nous comprenons bien, en effet, que les créanciers d'une faillite ne puissent exercer aucune poursuite individuelle, qu'ils soient obligés d'attendre la liquidation du syndic : ils sont consultés pour sa nomination, ils le choisissent eux-mêmes, ils sont liés dès lors par le mandat qu'ils ont donné. Mais il n'y a aucune assimilation à faire entre ce mandataire choisi et l'héritier bénéficiaire qui ne doit sa qualité d'administrateur qu'au hasard et à qui aucun texte n'impose l'obligation de réaliser le gage des créanciers. Aussi, dans la discussion de l'art. 803 C. C., au Conseil d'État, Treilhard a-t-il reconnu « que les créanciers ont le droit de faire vendre les meubles. »

Seulement, comme l'intérêt est la mesure des actions, « il appartient aux Tribunaux d'ordonner le sursis des poursuites individuelles lorsque l'intérêt commun des parties paraît exiger que les poursuites commencées par l'héritier et continuées par lui sans négligence demeurent concentrées entre ses mains. » (V. M. Demo. xv, n° 220).

B. Une fois que les valeurs qui dépendent de la succession ont été réalisées (805, 806 C. C., et 980 pr. c.), d'après qu'elles règles doit avoir lieu le paiement des créanciers héréditaires ?

1° Le prix des immeubles grevés d'hypothèques ou de priviléges doit, aux termes de l'art. 806, être délégué par l'héritier bénéficiaire aux créanciers hypothécaires ou privilégiés qui se sont fait connaître à lui, soit par des oppositions faites entre ses mains, soit par des inscriptions, car nous ne pensons pas, comme l'enseigne Duranton (vii, n° 34), que les inscriptions ne suffisent pas et que les créanciers doivent les notifier à l'héritier.

Quand tous les créanciers sont maîtres de leurs droits, l'acceptation bénéficiaire ne rend donc pas indispensable la procédure d'ordre. Un ordre judiciaire n'est nécessaire qu'autant que les créanciers refusent d'adhérer au règlement qui leur est proposé par l'héritier (nec obstat 981, Pr. c.), ou que les créanciers chirographaires ont formé opposition au paiement des créanciers hypothécaires (V. M. M. Aubry et Rau, v. p. 200, et Demo. xv, n° 290).

Si l'héritier bénéficiaire a à distribuer le prix de meubles et d'immeubles, et si la répartition du prix des premiers a lieu avant celle des seconds, on applique par analogie les art. 152 et s. C. Co.

2° Le montant des autres valeurs mobilières ou immobilières de la succession et l'excédant du prix des immeubles hypothéqués sur le chiffre de ces hypothèques sont employés par l'héritier de la manière suivante :

a) A défaut d'opposition, il paie les créanciers et les légataires au fur et à mesure qu'ils se présentent (808 2°); s'il est lui-même créancier, il se paiera valablement. Les créanciers qui ne se présentent qu'après l'apurement du compte et le paiement du reliquat, n'ont aucun recours à exercer, soit contre l'héritier, soit contre leurs cocréanciers qui ont été payés; mais ils peuvent agir en répétition contre les légataires, car le droit des légataires

sur les biens de la succession n'existe que déduction faite du montant des dettes, conformément à la maxime *bona non sunt....*
La durée de ce recours est limitée à 3 ans à partir de l'apurement du compte et du paiement du reliquat (800 2°), parce qu'il importe aux légataires que leurs intérêts ne soient pas trop longtemps tenus en suspens (MM. Duc. Bon. et Roust., II, p. 434).

Mais quelle est la position des créanciers non opposants qui se présentent avant l'apurement du compte et le paiement du reliquat? Ils peuvent, sans aucun doute, agir en répétition contre les légataires, (arg. *a fort.* de 800, 2°); mais peuvent-ils recourir également contre leurs cocréanciers? L'affirmative se fonde principalement sur un argument *a contrario* tiré du 1er al. de l'art. 809. Elle invoque encore la considération suivante: dans la rédaction présentée au Conseil d'État le 16 nivôse an XI, ce recours était consacré par une disposition formelle. Si cette disposition ne se retrouve plus dans l'art. 800, c'est évidemment par une erreur de copiste: le 2e al. de cet article, qui a pour objet de limiter le recours à 3 ans, commence en effet par ces mots: « dans l'un et l'autre cas »; dans la pensée du législateur le 1er al. de l'art. 800 renfermait donc, dans sa rédaction définitive, les deux propositions du projet, car ces mots n'auraient autrement aucun sens.

Nous préférons l'opinion contraire aux termes de l'art. 808 2°, quand il n'y a pas d'opposition, l'héritier bénéficiaire est autorisé à payer les créanciers et les légataires au fur et à mesure qu'ils se présentent; donc les paiements qui leur sont faits sont valables; les créanciers qui se présenteront trop tard pour obtenir tout ce qui devait leur revenir, ou même qui n'obtiendront rien, ne pourront exercer aucun recours contre eux, à moins qu'un texte formel ne leur donne ce droit. Or, nous ne trouvons de texte donnant le recours aux créanciers opposants que contre les légataires; ceux-là ne pourront donc agir contre leurs cocréanciers qui n'ont en définitive reçu que ce qui leur était dû et qui peuvent se retrancher derrière la maxime: *jura vigilantibus subveniunt, dormientibus desunt.* Tel est le système suivi en matière de faillite. On objecte l'art. 800 1° par *a contrario*; mais cet argument est sans valeur, puisque loin de

nous faire rentrer sous l'empire du principe général, il nous
en éloigne. Enfin, ces mots « dans l'un et l'autre cas » de l'art.
800 2° dont on argumente encore ne prouvent pas le moins du
monde que le législateur ait entendu maintenir, dans le 1er al.
de cet article, la disposition du projet qui permettait le recours
contre les créanciers. Comme le font remarquer MM. Aubry et
Rau (V. § 618, note 38) « ces mots s'expliquent par la combi-
naison des art. 808 et 809, sans qu'il soit nécessaire d'accuser
le législateur d'oubli ou d'inadvertance. L'art. 808 prévoit deux
cas bien distincts, celui où il y a des oppositions et celui où il n'en
existe pas, et le 1er al. de 809, qui ne statue explicitement que
sur le second de ces deux cas, dispose aussi implicitement sur
le premier. En effet, dire que les créanciers non opposants n'ont
de recours que contre les légataires, c'est dire virtuellement
que les créanciers opposants ont encore un recours à exercer
contre les autres créanciers. »

b) Lorsqu'il y a des créanciers opposants et que ceux-ci ne
peuvent ou ne veulent arrêter à l'amiable entre eux la distribution des deniers héréditaires, l'héritier bénéficaire ne doit
payer que dans l'ordre et de la manière réglés par le juge
(808 1° C. C. et 990 991, pr. c.). Et un arrêt de cass. du 13
mars 1860 (Pal. 1860 p. 204) décide « que tout acte qui porte
à la connaissance de l'héritier bénéficaire l'existence d'une
créance dont le paiement est réclamé a le caractère d'opposition dans le sens de l'art. 808 et fait obstacle à ce que
l'héritier paie au préjudice de l'opposant. » Il va sans dire
que dans ce cas les légataires ne peuvent rien prétendre, tant
que les créanciers ne sont pas entièrement désintéressés.

Si l'héritier paie au mépris des oppositions, il n'est pas déchu
du bénéfice d'inventaire, mais il doit indemniser les créanciers
qui ont personnellement formé opposition, du dividende qu'ils
auraient obtenu dans une répartition régulièrement faite (art.
1382; Paris 2 déc. 1859, Pal. 1860, p. 283). Les créanciers
opposants peuvent également recourir, dans la même mesure,
contre les légataires et les créanciers qui ont été payés, malgré
leur opposition, car ils ont reçu ce qui ne leur était point
dû. Le recours est limité à 3 ans, du jour de l'apurement du

compte et du paiement du reliquat.—Si le paiement avait été fait en fraude des opposants ceux-ci pourraient agir par l'action paulienne pendant 30 ans (art. 1167 et 2262, C C.).

§ II. *Au point de vue de la contribution.*

Lorsqu'un héritier ou un successeur universel accepte purement et simplement la succession qui lui est dévolue, il ne peut demander à ses cohéritiers ou cosuccesseurs universels que leur part et portion, soit dans les créances qu'il pouvait avoir contre le défunt, soit dans les dettes héréditaires qu'il a intégralement payées (875). L'acceptation sous bénéfice d'inventaire en empêchant toute confusion entre le patrimoine du défunt et celui de son héritier, et en restreignant aux biens héréditaires l'obligation réciproque de garantie qui pèse sur tous ceux qui se trouvent appelés à une même succession, a pour effet de donner à ce droit de poursuite et au recours toute l'étendue qu'ils auraient s'ils étaient exercés par un tiers. En conséquence, le successeur qui n'a accepté que sous bénéfice d'inventaire peut, s'il était créancier du *de cujus*, demander à ses cohéritiers ou cosuccesseurs universels, détenteurs d'immeubles hypothéqués à sa dette, toute la différence qui existe entre le montant de son émolument et celui de sa créance. D'un autre côté, s'il a payé, soit volontairement, soit sur les poursuites d'un créancier, tout ou partie d'une dette héréditaire, il est légalement subrogé aux droits du créancier désintéressé pour tout ce qui excède sa part contributoire et même pour tout ce qui excède son émolument dans l'actif héréditaire, si cet émolument est inférieur à la somme qui forme sa part contributoire (1251 4° et 802 comb.; MM. Aubry et Rau, v, § 637, texte et note 10). Cette subrogation lui donne tous les droits qui appartenaient au créancier. Par conséquent, si la dette qu'il a payée était garantie par une hypothèque, il peut demander tout l'excédant de sa part contributoire ou de son émolument, à celui de ses cohéritiers ou cosuc-

cesseurs entre les mains duquel se trouve l'immeuble hypothéqué.

L'acceptation bénéficiaire présente donc le plus grand intérêt
pour tous les successeurs universels, quand on se place au
point de vue de la contribution aux dettes.

SECTION II.—De l'influence de la séparation des patrimoines.

I. Le droit pour les créanciers héréditaires de demander la
séparation du patrimoine de leur débiteur d'avec celui de son
héritier est consacré, dans notre droit moderne, par l'art. 878
C. C. L'art. 2111 reconnait la même faculté aux légataires.

Ce droit appartient à tout créancier de la succession, que sa
créance soit pure et simple, à terme ou conditionnelle, alors
même qu'il aurait une hypothèque ou un privilége. La qualité
d'héritier n'est pas davantage un obstacle à l'exercice de ce droit.
Ainsi, s'il y a plusieurs héritiers et que l'un d'eux soit créancier
du *de cujus*, il peut, s'il n'a pas de confiance en la solvabilité
de ses cohéritiers, demander contre eux la séparation des patrimoines, pour garantir le paiement de la partie de sa créance qui
ne s'est pas éteinte par confusion. — Un titre exécutoire n'est
pas nécessaire pour exercer le droit conféré par l'art. 878 : le
créancier qui n'en a pas se conformera aux dispositions des art.
558 et 009, C. Pr. C.

Comme dans notre ancien droit, et à la différence du droit
romain, le droit de demander la séparation appartient à chaque créancier individuellement, de telle sorte que la séparation
ne profite qu'à ceux qui ont rempli les conditions auxquelles la
loi l'a subordonnée. Mais, par dérogation à notre ancien droit,
les créanciers personnels de l'héritier ne peuvent demander la
séparation à l'encontre des créanciers héréditaires. Les créanciers antérieurs à l'acceptation n'ont que le droit de la faire
tomber, au moyen de l'action paulienne, si leur débiteur ne l'a
faite qu'en fraude de leurs droits (1167). Cependant, cette solu-

tion, est encore contestée par argument *à contrario* de l'art.
788, C. C .

II. Contre qui la séparation peut-elle être demandée? — Les
art. 878 et 2111 répondent à la question. La séparation peut être
demandée contre tout créancier de l'héritier, quelque favorable
que soit sa position, car la loi ne fait aucune distinction.

La séparation est encore individuelle à ce second point de
vue ; en d'autres termes, comme dans notre ancien droit, elle
peut être demandée contre tous les créanciers de l'héritier ou
contre quelques uns d'entre eux seulement, et, s'il y a plusieurs
héritiers, contre les différents créanciers de chacun d'eux en
particulier.

La séparation ne peut être demandée que contre les créanciers
de l'héritier qui représente la personne du défunt (878 et 2111).
Elle n'est pas possible contre les créanciers d'un légataire ou
d'un donataire universel ou à titre universel de biens à venir,
parceque ces successeurs ne représentent pas la personne du
défunt. Ce n'est pas à dire pour cela que les créanciers
héréditaires seront obligés de subir le concours des créanciers personnels de ces successeurs sur les biens que ceux-ci
ont pris dans la succession : l'exclusion de ces derniers est de
plein droit. En effet, ils ne sauraient avoir plus de droit que leur
auteur ; or celui-ci ne peut venir sur les biens de la succession
qu'après que les créanciers héréditaires ont été payés. On les
repoussera donc par la maxime *nemo liberalis nisi liberatus*
(Par. 16 déc. 1846, Sir. 49. 2. 121; Cass. 17 mars 1856, Sir.
56. 1. 593). A plus forte raison la séparation ne peut-elle être
demandée à l'encontre des créanciers d'un cessionnaire de droits
successifs. Ce n'est là, en effet, qu'un ayant-cause à titre particulier de l'héritier ; celui-ci, malgré la cession, conserve sa qualité. C'est donc contre ses créanciers personnels que les créanciers
de la succession doivent demander la séparation, si le prix de la
cession est encore dû [Gren. 19 mars 1831 (Sir. 31. 2. 206.);
contrà Lyon 17 nov. 1856, (Sir. 51. 2. 318)].

III. La séparation ne s'exerce que sur les biens qui appartenaient au *de cujus* au moment de son décès. Elle ne peut donc

être demandée pour les biens qui ne sont rentrés dans la succession que par suite de rapport ou de réduction, car le rapport et la réduction n'ont lieu qu'en faveur des héritiers, et les créanciers du défunt ne sauraient avoir plus de droit que celui-ci. Mais elle atteint tous les biens qui font partie de la succession, quelle que soit leur nature, qu'ils soient meubles ou immeubles, corporels ou incorporels. Elle s'applique aussi aux fruits naturels et civils produits par la succession depuis son ouverture, s'ils ne se sont pas confondus en fait avec le patrimoine de l'héritier : *fructus augent hereditatem.*

La séparation a également un caractère individuel par rapport aux biens : les créanciers héréditaires peuvent la demander pour tels ou tels biens de la succession et admettre sur d'autres le concours des créanciers personnels de l'héritier.

IV. Quelles sont les causes de déchéance du droit de demander la séparation ? La loi les indique dans les art. 879 et 880. L'une est commune aux meubles et aux immeubles, les autres sont spéciales à chacune de ces catégories de biens.

A. L'art. 879 mentionne la cause de déchéance commune aux meubles et aux immeubles. Les créanciers ne peuvent plus demander la séparation « lorsqu'il y a eu novation de la créance par l'acceptation de l'héritier pour débiteur. » On admet généralement (*Vide contrà* M. Genty, Rev. crit. VIII, p. 352 et s), qu'il s'agit dans cet article d'une novation d'une nature toute particulière, et que les créanciers perdent le droit de demander la séparation dès qu'ils font un acte impliquant l'intention d'abandonner leur droit contre la succession, de suivre la foi de l'acheteur. [Dur. VII. 497, M. Demo. XVII. n° 187, Dem. III. 220 bis I. Cass. 3 fév. 1857, (Sir., 57. 1. 321)]. Il y a là une question de fait et d'appréciation laissée aux magistrats. (v. p. 45).

B. Il y a trois causes qui entraînent la déchéance du droit de demander la séparation, quant aux meubles, la confusion, l'aliénation et la prescription triennale.

1° La loi n'a pas fait mention de la première, la confusion, mais celle-ci ressort de la nature même des choses : il est évident qu'on ne peut pas demander que ce qui n'est plus reconnaissable soit séparé. Ainsi, si les créanciers sont prudents, ils s'empresseront, dès l'ouverture de la succession, de faire dresser inventaire de tous les objets mobiliers qui en dépendent.

La confusion n'étant qu'un obstacle de fait, elle n'empêche la séparation que dans les limites de ce fait lui-même ; par conséquent, si elle n'est que partielle, la séparation pourra être demandée pour les objets héréditaires non confondus.

2° L'aliénation des meubles du défunt par l'héritier fait encore perdre aux créanciers le droit de demander la séparation sur ces meubles (2279).

Pour se mettre à l'abri de ce danger, les créanciers héréditaires peuvent-ils demander des garanties à l'héritier, par exemple une caution, une hypothèque ? Le créancier d'une rente viagère peut-il exiger le placement d'une somme équivalente au capital de la rente ? M. Demolombe (xvii n° 146) admet l'affirmative par argument à *fortiori* de l'art. 807. C. C. et par cette considération que l'opinion contraire laisse à l'héritier le moyen de rendre tout-à-fait inutile la séparation des patrimoines. Cette dernière opinion consacrée deux fois par la Cour de Paris (31 juillet 1852, Sir. 52, 2, 604 et 28 avr., 1865. Palais, 66, p. 210) nous paraît cependant plus juridique. Assurément, il serait bon que les créanciers héréditaires pussent demander des garanties à l'héritier ; la séparation des patrimoines constituerait alors pour eux une véritable protection ; mais la loi n'a considéré la séparation que comme un moyen d'écarter les créanciers personnels de l'héritier (878), et, dans le silence du code, on ne peut enlever à ce dernier la libre disposition des biens de la succession.

Si le prix moyennant lequel un meuble de la succession a été vendu est encore dû, les créanciers héréditaires peuvent demander la séparation pour se faire payer sur le prix par préférence aux créanciers personnels de l'héritier. L'action en séparation des patrimoines est, en effet, une action universelle, et on doit lui appliquer la maxime : *in judiciis universalibus res succedit in locum pretii et pretium in locum rei.* [MM. Aubry et Rau, V. p. 214 ; Demo. xvii n° 181 ; Cass. 7 août 1860 (Dev. 61, 1, 287)].

C'est par la même raison qu'on décide que, dans le cas où l'héritier a échangé des meubles de la succession, le droit de demander la séparation se reporte sur les meubles reçus en contre-échange (Nîmes, 21 juillet 1852, Dev. 53, 2, 701).

3° Enfin, le droit à la séparation « se prescrit, relativement aux meubles, par le laps de trois ans » (art 880). Le législateur a supposé, qu'après ce délai, les créanciers ont renoncé à exercer leur droit, et, qu'en fait, il y a confusion avec le patrimoine de l'héritier.

Cette prescription court du jour de l'ouverture de la succession (arg. d'analogie de l'art. 2111; M. Demolombe, xvii, n° 173) V. *contrà* MM. Aubry et Rau, v, p. 247), qui ne la font courir que du jour de l'acceptation de l'hérédité.

En règle générale, la prescription est suspendue au profit des mineurs et des interdits (2252). Mais cette règle est étrangère à la disposition de l'article 880, comme à toutes les prescriptions de courte durée (2278). Doit-on au moins appliquer l'art. 2257, si la créance est à terme ou sous condition? Non, car il s'agit d'une mesure conservatoire et non de la poursuite du droit lui-même.

C. Quand il s'agit d'immeubles, il ne peut être question de confusion; d'un autre côté, la loi n'a édicté, quant à ces biens, aucune prescription particulière. S'ils ne sont pas aliénés par l'héritier, la séparation peut être demandée, tant que la créance à laquelle elle est attachée n'est pas prescrite. Voici, en effet, comment est conçu l'art 880 : « à l'égard des immeubles, l'action en séparation des patrimoines peut être exercée, tant qu'ils sont entre les mains de l'héritier. » Remarquons seulement, qu'aux termes des art. 2111 et 2113 la séparation ne produit son plein et entier effet, au regard des créanciers de l'héritier auxquels ce dernier a concédé des hypothèques sur les biens de la succession, qu'autant que les créanciers héréditaires se sont inscrits dans les six mois de l'ouverture de la succession, ou, s'ils ne se sont inscrits qu'après ce délai, qu'autant que leurs inscriptions sont antérieures à celles des créanciers de l'héritier.

12

Mais l'aliénation des immeubles ou plutôt, depuis la loi du 23 mars 1855, la transcription de la vente consentie par l'héritier, fait perdre aux créanciers héréditaires le droit de demander la séparation, si elle a eu lieu avant que ceux-ci aient pris l'inscription requise par l'art. 2111. — Cependant, si le prix de la vente est encore dû, les créanciers qui ont négligé de s'inscrire avant la transcription, peuvent se faire payer sur ce prix, par préférence aux créanciers chirographaires de l'héritier. Cette solution repose sur le motif que nous venons de donner à propos du prix des meubles : *in judiciis universalibus res succedit in locum pretii et pretium in locum rei* (MM. Aubry et Rau, v, p. 214, Demo. xvii, n° 203; Cass. 7 aout 1860, Dev. 61. 1. 257), — Mais, dans ce dernier cas, pendant combien de temps les créanciers héréditaires peuvent-ils former leur demande? sont-ils exclus par la prescription de trois ans de l'art. 880 ? La question est controversée, mais la négative nous paraît certaine. L'art. 880 n'a trait qu'aux valeurs mobilières qui existaient au moment de l'ouverture de la succession : le prix prendra le caractère de l'immeuble qu'il représente, par application de la règle *subrogatum capit substantiam subrogati.* Voici, d'ailleurs, à quelle conséquence conduit le système contraire : si on admet que l'art. 880 1° s'applique dans notre hypothèse, on est bien obligé de prendre pour point de départ de la prescription, l'ouverture de la succession, de telle sorte que dans le cas où l'aliénation aura lieu plus de trois ans après cette ouverture, la prescription sera accomplie avant qu'elle ait pu commencer à courir (MM. Aubry et Rau, v, p. 218; Demo., xvii, n° 205; Cass. 22 juin 1841, Sir. 41, 1, 723—*contrà* Demante, iii, n° 221 *bis* ii).

Si des immeubles de la succession ont été échangés par l'héritier, la séparation s'exerce sur les immeubles reçus en échange (Nîmes, 21 juillet 1852, Sir. 53, 2, 701).

S'il s'est écoulé moins de 6 mois depuis l'ouverture de la succession, les créanciers héréditaires peuvent-ils encore s'inscrire utilement après la transcription de la vente consentie par l'héritier, afin de conserver sur l'immeuble vendu leur droit de préférence vis-à-vis des créanciers hypothécaires de l'héritier inscrits avant la transcription? La raison de douter vient de l'art. 6 de la loi du 23 mars 1855 qui frappe d'inefficacité toute inscription d'hypothèque ou de privilége prise sur un immeuble après la transcription de l'acte de vente Mais la solution ne saurait souffrir grande difficulté quand on se reporte à l'esprit général de la loi et à l'objet spécial de l'article 6. Cet article a eu évidemment pour but de sauvegarder l'intérêt des tiers-acquéreurs ; or , en quoi cet intérêt peut-il être compromis si on déclare valable l'inscription prise par les créanciers héréditaire pour assurer leur droit de préférence à l'encontre des créanciers hypothécaires de l'héritier , du moment que la situation de ce tiers-acquéreur reste la même qu'avant l'inscription? Il résulte d'ailleurs de la discussion de la loi de 1855, que l'on a entendu laisser à l'article 2111 son plein et entier effet (MM. Aubry et Rau, v, p. 221; Troplong, Comm. de la loi de 1855, n° 288 ; Pont, priv. et hyp., n° 314).

V. En quelle forme les créanciers héréditaires doivent-ils demander la séparation des patrimoines? Deux opinions sont en présence :

La première enseigne que la séparation doit être demandée dans une instance formée selon les règles ordinaires et admise par jugement.

Mais ses partisans se divisent ensuite sur le point de savoir contre qui la demande doit être dirigée : 1° d'après les uns, c'est contre les créanciers de l'héritier et non contre ce dernier. On invoque , dans ce sens, l'art. 878 et cette considération que les créanciers, ayant seuls intérêt à repousser la demande, ont seuls qualité pour y défendre et ne sauraient être représentés par l'héritier qui est complétement désintéressé dans la question. (MM. Aubry et Rau, v, p. 212 et 213; Dur., vii, n° 188; Poit., 8 août 1828. D. 28, 2 , 81; Bord. 11 déc. 1834, Sir. 35, 2 , 215) ; 2° d'après les autres , c'est contre l'héritier lui-même et non contre ses créanciers personnels. En effet , dit-on , ceux-ci peuvent être inconnus aux créanciers héréditaires, et, si on mettait ces derniers dans la nécessité d'attendre, ils se trouveraient le plus souvent dans l'impossibilité de demander la séparation

(880 1°) ; on fait de plus remarquer que la séparation atteint l'héritier dans les droits qu'il peut avoir contre la succession ; qu'il a donc intérêt à la contester et dès lors qualité pour représenter ses créanciers (MM. Duc. Bon et Roust, II, n° 762; Massé et Vergé, II, p. 331; Nancy, 14 fév., 1833, Sir. 34, 2, 232; et Paris, 18 nov. 1856 , Sir. 57, 2 , 8.) ; 3° enfin, d'après un troisième système, la demande doit être dirigée contre les créanciers de l'héritier , lorsqu'ils sont connus, et contre l'héritier lui-même, dans le cas contraire. (Fouët de Conflans , art. 878, n° 2; Dufr., n° 6 et 38; Paris 31 juill. 1852, Sir. 53 , 2 , 603).

La seconde opinion n'exige, au contraire , ni demande préalable en justice ni jugement qui prononce la séparation : les créanciers héréditaires peuvent prendre contre l'héritier lui-même toutes les mesures conservatoires de leur droit de demander la séparation et , comme dans notre ancien français , ne la faire ensuite valoir que par une opposition à ce que les créanciers personnels de l'héritier soient payés sur le prix d'immeubles dépendants de la succession (V. M. Demo., XVII, n° 137 et s). C'est cette dernière opinion qui nous semble devoir être suivie : 1° elle est conforme à la tradition que le code a suivie, puisque nous ne trouvons aucun texte qui y déroge formellement ; 2° elle respecte l'art. 878 que méconnaissent ouvertement le 2e et le 3e système auxquels la 1re opinion a donné naissance; 3° enfin , elle présente sur cette opinion , l'immense avantage d'éviter aux créanciers héréditaires les inconvénients et les frais que peut occasionner la nécessité d'une demande principale.

VI. Il nous reste à examiner quels sont les effets que la séparation des patrimoines produit, soit au regard des créanciers héréditaires, soit dans les rapports des cohéritiers entre eux.

I.

Quand on envisage la situation des créanciers , voici la formule que nous proposons, sauf à justifier chacune de ses parties:

la séparation des patrimoines n'opère qu'à l'égard des créanciers personnels de l'héritier à l'encontre desquels elle donne aux créanciers héréditaires un droit de préférence sur les biens de la succession ; elle n'a aucun effet, soit par rapport à l'héritier, soit par rapport aux tiers acquéreurs de ces biens, qui ne sont soumis à aucun droit de suite de la part des créanciers héréditaires, soit dans les rapports de ces derniers entre eux, et enfin, dans le cas où il y a plusieurs héritiers, la séparation ne fait pas obstacle à la division des dettes.

A. Et d'abord quel est le véritable caractère du bénéfice que confère la séparation des patrimoines? Est-ce un simple droit de préférence à l'encontre des créanciers personnels de l'héritier ou un privilége avec droit de suite à l'encontre des tiers acquéreurs? Dans le droit romain, cette question ne pouvait même pas se poser, les créanciers étant envoyés en masse en possession de tous les biens de la succession (v. *suprà*). Dans notre ancien droit, la séparation des patrimoines donnait aux créanciers héréditaires un simple droit de préférence à l'encontre des créanciers de l'héritier; la loi du 15 brumaire an VII (art. 14) lui a conservé ce caractère.— Qu'ont fait les rédacteurs du code? Si nous n'avions que les art. 878 à 881, on ne pourrait que répondre qu'ils ont consacré purement et simplement la solution de notre ancien droit, en reproduisant presque textuellement les dispositions du titre des successions de Pothier. Mais dans l'art. 2111, au titre des priviléges et hypothèques, ils qualifient de privilége le droit résultant de la séparation. Ont-ils entendu par là innover, et donner à ce droit un caractère qu'il n'a jamais eu ? La question est très controversée. Nous aurions été heureux de nous ranger à l'opinion de ceux qui enseignent que la séparation des patrimoines confère aujourd'hui un véritable privilége avec droit de suite (MM. Demo., XVII, n° 200, Delv., II, p. 56 notes 9 et 10. Dem. III, n° 222 *bis* I; Gabr. Demante; Rev. crit., V, p. 177 et s.; Orl., 22 août 1840, Sir. 41, 2, 513), car cette institution n'offrira un avantage sérieux aux créanciers héréditaires que le jour où elle leur permettra de se mettre complétement à l'abri, tant des actes de l'héritier que du concours de ses créanciers personnels. Mais les raisons sur lesquelles elle s'appuie sont loin de prouver que le législateur de 1804 ait entendu déroger à notre ancien droit, et, après mûre reflexion, nous croyons fermement, qu'aujourd'hui, comme au temps de Lebrun et de Pothier et dans le droit intermédiaire, la séparation des patrimoines ne crée qu'un simple droit de préférence. C'est ce qui nous paraît clairement établi : 1° par les art. 878 à 880 ; 2° par la nature même du privilége, et surtout 3° par le silence de l'art. 2103 qui contient l'énumération des priviléges sur les immeubles, touchant la séparation des patrimoines.

En effet, 1° l'art. 878 nous dit que la séparation est demandée contre les créanciers de l'héritier ; elle laisse donc à ce dernier la position qu'il s'est faite par son acceptation pure et simple : il peut en conséquence aliéner (880) ; 2° d'un autre côté, qu'est-ce qu'un privilége dans notre système hypothécaire? C'est un droit que donne la qualité de la créance, et l'action en séparation des patrimoines appartient à tout créancier du défunt, quel que soit son titre ; 3° enfin, le silence de l'art. 2103 est bien significatif quand on se reporte aux travaux préparatoires. Le projet de loi sur le titre des priviléges et hypothèques présenté par la commission était incomplet : il ne disait rien notamment de la séparation des patrimoines. Le Tribunal de Cassation en proposa en conséquence un autre dont l'art. 8 donnait la liste complète de tous les priviléges et les moyens de les conserver : en première ligne, figurait le privilége résultant de la séparation des patrimoines sous l'obligation de le faire inscrire, pour sa complète efficacité à l'égard des tiers, dans les 6 mois de l'ouverture de la succession. Mais la rédaction de cet article ayant paru présenter quelque obscurité, le Conseil d'Etat la rejeta et reproduisit dans plusieurs articles séparés de notre code ses diverses dispositions, à l'exception seulement de la 1ere phr. du n° 4 qui donnait un privilége aux créanciers héréditaires et aux légataires sur les biens du défunt. De ce changement on ne peut évidemment conclure qu'une chose, c'est que le Conseil d'Etat et les rédacteurs du code n'ont pas voulu faire un privilége du bénéfice de la séparation.

Mais, dit-on, c'est par oubli que nous ne trouvons pas la séparation des patrimoines mentionnée dans l'art. 2103 et cette omission a été réparée par l'art. 2111. Cela n'est pas admissible; remarquons, en effet, que ces deux articles ont été votés en même temps, et que si le législateur s'était aperçu qu'il y avait une omission dans l'art. 2103, le moyen le plus simple était d'ajouter une phrase à cet article pour compléter ce qui manquait.

Mais comment expliquer alors la dénomination de privilége donnée au droit résultant de la séparation? Pothier et tous nos anciens auteurs, pour qui la séparation ne donnait aux créanciers héréditaires qu'un droit de préférence, se servaient de ce mot pour désigner cet avantage; les rédacteurs du Code, qui probablement avaient Pothier sous les yeux, l'ont employé dans le même sens.

On ne saurait non plus argumenter de ce que le bénéfice de la séparation est soumis, pour son efficacité, aux mêmes conditions de publicité que les privilèges. Voici, en effet, quelles sont les raisons qui ont dicté l'art. 2111. D'après l'art 880, la séparation pouvait être demandée tant que les immeubles se trouvaient en la possession de l'héritier. Or, cet état de choses présentait de graves inconvénients pour les tiers auxquels l'héritier donnait des droits sur ces immeubles, puisqu'ils pouvaient d'un moment à l'autre se trouver privés du gage en vue duquel ils avaient contracté. L'art 2111 n'a eu d'autre but que de sauvegarder les intérêts de ceux-ci sans nuire aux créanciers de la succession : d'après cet article, les créanciers héréditaires peuvent toujours faire distraire du patrimoine de l'héritier les immeubles de la succession qui sont encore entre ses mains ; mais ils ne seront payés sur le prix de ces immeubles par préférence aux créanciers hypothécaires de l'héritier, qu'autant que par une inscription prise dans les six mois de l'ouverture de la succession, ils auront fait connaître aux tiers leur intention de faire opérer cette distraction. Ainsi l'on explique les termes de l'art 2113 : «le privilége qui n'a pas été inscrit dans les six mois dégénère en une simple hypothèque.» Cet article veut dire seulement que l'inscription ne rétroagit plus ; les créanciers hypothécaires inscrits du chef de l'héritier priment les créanciers séparatistes inscrits après eux.

On objecte enfin au système que nous croyons devoir adopter qu'il laisse à l'héritier le moyen de rendre tout à fait illusoire la séparation des patrimoines, par l'aliénation des immeubles héréditaires. Cette objection est excellente quand on recherche quel est le meilleur système qu'il convient d'adopter dans l'intérêt des créanciers de la succession, mais elle est sans valeur, quand, comme nous, on n'a à se préoccuper que de ce qu'a voulu le législateur. Dans notre ancien droit où l'ont prise les rédacteurs du code, la séparation des patrimoines n'avait d'autre but que de mettre les créanciers de la succession à l'abri de la perte qu'aurait pu leur causer le concours des créanciers de l'héritier; on ne peut lui demander aujourd'hui de produire des effets plus étendus, du moment que l'intention du législateur de déroger à l'ancien droit n'est pas clairement établie (MM. Aubry et Rau, v, p. 230; Grenier, des priv. et hyp. II, n° 219; Trop. priv. et hyp. I, n°s 323-327; Cabantous, Revue de lég., IV, p. 40. — Pont, priv. et hyp. art. 2106 et 2111, n° 8).

b) La séparation des patrimoines ne confère donc qu'un simple droit de préférence aux créanciers héréditaires, mais peut-elle avoir pour effet de modifier les rapports de ces créanciers entre eux).

La question ne peut se poser quand la succession est purement mobilière. La séparation des patrimoines n'étant, à l'égard des meubles, assujettie à aucune formalité spéciale pour la consécration du droit de préférence, la condition respective des créanciers chirographaires ou privilégiés du défunt ne peut se trouver modifiée si ceux-ci n'ont encouru aucune cause de déchéance. Les choses se passent entre eux absolument comme elles se seraient passées avant l'ouverture de la succession. Il en est de même dans le cas où la succession comprend des immeubles, mais où tous les créanciers et les légataires se sont inscrits dans les six mois de son ouverture. On colloquera : 1° les créanciers qui tiennent du défunt une cause de préférence, 2° les créanciers chirographaires au marc le franc et 3° les légataires.

Mais la question se pose et elle présente un grand intérêt dans le cas où la succession comprenant des immeubles, des créanciers héréditaires se sont inscrits dans les six mois, conformément à la disposition de l'art. 2111, d'autres après l'expiration de ce délai, et enfin les autres pas du tout. — Le créancier inscrit dans les six mois a-t-il droit à la totalité de sa créance ou seulement au dividende qu'il aurait eu, si tous ses cocréanciers s'étaient inscrits en temps utile? En d'autres termes, l'inscription prise en temps utile par un créancier héréditaire produit-elle effet contre ses cocréanciers? La question est controversée.

A l'appui de l'affirmative, c'est-à-dire de l'opinion qui enseigne que le créancier diligent a droit à la totalité de sa créance, on fait valoir les arguments suivants :

1° La séparation des patrimoines opère à l'égard de tous les créanciers de l'héritier (878) ; or, les créanciers héréditaires qui ne se sont pas inscrits dans le délai fixé par l'art. 2111 rentrent dans cette catégorie ; 2° aux termes de l'art. 2113, le bénéfice résultant de la séparation ne date à l'égard des tiers que du jour de l'inscription, lorsqu'on a négligé de s'inscrire dans les 6 mois de l'ouverture de la succession : le mot *tiers* s'applique aussi bien aux créanciers héréditaires qui n'ont pas conservé utilement leur droit de séparation, qu'aux créanciers que l'héritier avait au moment de l'ouverture de la succession ; 3° enfin, l'art. 2146, en déclarant que les inscriptions sont sans effet entre les créanciers du défunt, lorsque la succession est acceptée sous bénéfice d'inventaire, décide implicitement qu'elles sont efficaces lorsque la succession est acceptée purement et simplement (Blond., sép. des pat., p. 481 et 508; Fouet de Conflans, art. 878, n° 11; Lyon, 17 avril 1822, Sir., 24, 2, 159).

Ce système ne nous paraît pas exact, et, pour nous, le créancier héréditaire inscrit dans les 6 mois n'a droit qu'au dividende qu'il aurait eu si tous ses cocréanciers s'étaient inscrits dans le même délai ; l'inscription qu'il a prise est comme non avenue à l'égard de ces derniers. La séparation des patrimoines n'a, en effet, été créée que dans le but de donner aux créanciers héréditaires le moyen de se mettre à l'abri du préjudice que pourrait leur causer l'insolvabilité de l'héritier appelé à recueillir la succession de leur débiteur ; elle est complétement étrangère aux actes que ce dernier a pu faire; ces actes, les créanciers doivent tous également les subir et la mort ne saurait leur fournir un moyen spécial d'en changer les effets dans leurs rapports réciproques. C'est ce qu'indiquent les art. 878 et 2111, en disant que la séparation n'est demandée qu'à l'encontre des créanciers de l'héritier. Cette dénomination ne s'applique évidemment qu'aux créanciers qui, d'après l'art. 881, ne peuvent demander la séparation, c'est-à-dire à ceux qui existaient au moment de l'ouverture de la succession. Les deux premiers arguments fournis par le système contraire sont donc sans valeur. Celui qu'on demande à l'art. 2146 n'est pas mieux fondé : sans doute, quand la succession est acceptée purement et simplement, un créancier héréditaire peut acquérir une cause de préférence à l'encontre de ses cocréanciers, soit en inscrivant l'hypothèque qui lui avait été donnée par le défunt, soit à l'aide d'hypothèques conventionnelles ou judiciaires obtenues de l'héritier ou contre lui. Mais la question n'est pas là; comme l'ont fait remarquer avec raison MM. Aubry et Rau (V, p. 225, n° 46), « elle consiste à savoir si, pour améliorer sa position au préjudice des autres, il suffit à un créancier héréditaire de recourir à la séparation des patrimoines et à l'inscription requise pour la conservation du droit de préférence qui en découle », et la négative de la question ainsi posée résulte des arguments que nous avons déjà donnés (MM. Massé et Vergé II, p. 337; Demo., XVII, n° 22; Demante III, n° 222 bis IV; Gren., 21 juin 1841, Dev. 42, 2, 355; Bordeaux, 26 mars 1864).

Ainsi, quand le concours ne s'établit qu'entre des créanciers héréditaires, l'inscription prise par l'un d'eux est sans effet à l'égard de ses cocréanciers. Cette règle est-elle encore applicable dans le cas, où, entre un créancier héréditaire qui s'est inscrit dans les 6 mois, et un autre qui ne s'est inscrit qu'après ce délai, se place un créancier hypothécaire de l'héritier qui prime ce dernier par suite de la date de son hypothèque (art. 2113)? Exemple : le prix de l'immeuble en distribution est de 30,000 fr.; Primus, créancier héréditaire, s'est inscrit dans les 6 mois pour 25,000 fr.; Secundus, créancier de l'héritier, s'est inscrit après les 6 mois pour 10,000 fr.; et Tertius, autre créancier héréditaire, s'est inscrit après ce dernier pour 50,000 fr. Comment se fera la collocation? D'après nous, Primus doit être colloqué pour 10,000 fr., représentant le dividende qu'il aurait eu si Tertius s'était inscrit dans les 6 mois ; Secundus pour l'intégralité de sa créance et Tertius pour les 10,000 fr. restants.

Chacune de ces solutions a fait l'objet d'une controverse.

On a soutenu d'abord que Primus, dans l'espèce, avait droit à la totalité de sa créance, par application de la maxime : *si vinco vincentem te a fortiori te vincam.* L'emportant sur Secundus, il doit, a-t-on dit, l'emporter à plus forte raison sur Tertius qui est lui-même primé par Secundus. La réponse est facile : la maxime qu'on invoque ne s'applique que dans le cas où la cause de préférence du 1er créancier sur le 2e, est la même que celle du 2e sur le 3e : *Si eadem ratio vincendi Primi et Secundi* (V. Cujas, *Quæst. Pauli,* liv. III, *in leg.* 16, D qui potiores in pignore et Vinnius, sur le § 3, Inst. ad. S.-C. Tertull.). Or, cette identité de causes de préférence n'existe pas dans notre espèce : la cause de préférence de Secundus sur Tertius est, en effet, l'antériorité de l'inscription que Secundus a prise, tandis qu'entre Primus et Tertius, l'inscription est sans effet. Primus ne pourra donc demander qu'un simple dividende (MM. Aubry et Rau , v, p. 227 et note 47).

On a dénié encore au créancier de l'héritier le droit d'être payé de l'intégralité de sa créance ; on a voulu ne lui donner que la somme que l'inscription du premier créancier hérédi-taire laissait disponible, au moment où il a requis la sienne, soit, dans l'espèce, 5,000 fr. Il n'a pu, a-t-on dit, raisonnable-ment compter que sur cette somme, et il n'a pas à s'occuper de savoir si Primus garde pour lui les 25,000 francs pour lesquels il est inscrit ou s'il les partage dans une proportion quelconque avec Tertius, car si ce dernier reçoit en définitive 10,000 fr., ce n'est pas à cause de son inscription, mais à cause de sa qualité de créancier héréditaire; le système contraire conduit, d'ailleurs, à un résultat inadmissible : n'est-il pas, en effet, contraire au principe de justice qu'un créancier héréditaire, qui a fait tout ce que la loi lui commandait, ne reçoive qu'une fraction de sa créance, tandis que le créancier de l'héritier est intégralement payé ; il viole de plus l'art. 2111 qui porte que les créanciers héréditaires inscrits dans les 6 mois de l'ouverture de la succession doivent être préférés aux créanciers de l'héritier (Dur., vii, n° 478 et xix, n° 227; Barafort, n° 213; Mourlon, Rép. écr., sur l'art. 2111).

Ces arguments sont assez spécieux au premier abord, mais ils tombent à la réflexion. En effet : — 1° Secundus en s'inscrivant a dû compter sur tout ce que l'inscription de Primus laissait disponible ; or, dans l'espèce, Primus par suite du concours de son cocréancier Tertius, n'a droit qu'à 10,000 fr., Secundus doit donc être intégralement payé du moment que ce qui reste est suffisant; 2° d'un autre côté, si Primus, ne reçoit qu'une fraction de sa créance, ce n'est pas la conséquence de l'inscription hypothécaire de Secundus, mais bien de la présence de Tertius ; 3° sans doute, le créancier héréditaire qui s'est inscrit dans les 6 mois ne doit pas être primé par les créanciers de l'héritier, mais ce droit de préférence ne peut évidemment s'exercer que dans les limites de ce que ce créancier a le droit de demander, soit, dans l'espèce, 10,000 fr. ; 4° enfin, remarquons que le système que nous repoussons méconnait le caractère purement individuel que la séparation a dans notre droit, car c'est bien faire produire à la séparation un effet collectif que d'admettre que l'inscription prise par un créancier héréditaire conservera dans une certaine mesure le droit de son cocréancier. (V. Grenier, hyp., n, 435 ; Merlin, Rép., v séparat. des pat., § 5 n° 4 ; Malpel, suc., n° 210. ; Dufresne, n° 99 et s. ; MM. Aubry et Rau, v, p. 337).

Si la séparation des patrimoines ne peut servir à un créancier héréditaire pour améliorer sa position au préjudice des autres, à plus forte raison ne peut-elle servir à modifier la position respective qui est faite aux créanciers héréditaires et aux légataires par la maxime *nemo liberalis nisi liberatus :* un légataire n'a jamais droit qu'à la somme que les créanciers héréditaires auraient laissé disponible, s'ils s'étaient inscrits dans le délai de la loi. Exemple : soit 50,000 fr. le prix de l'immeuble en distribution ; un légataire s'est inscrit dans les 6 mois pour 20,000 fr., et un créancier de l'héritier pour 10,000 fr. après les 6 mois, mais avant un créancier héréditaire qui a pris inscription pour 40,000 fr. 1° On donnera au légataire, les 10,000 fr. qu'il aurait eus, si le créancier héréditaire s'était inscrit utilement ; 2° le créancier de l'héritier sera colloqué pour l'intégralité de sa créance, soit 10,000 fr. ; et 3° les 30,000 fr. restants seront attribués au créancier héréditaire. (Bord., 20 avr. 1864, Pal., 1864, p. 1208).

Si au lieu de s'inscrire pour 40,000 fr., le créancier héréditaire s'était inscrit pour 50,000 fr., le légataire n'aurait rien, puisque l'inscription du créancier prise en temps utile ne lui aurait rien laissé. On colloquerait donc : 1° le créancier de l'héritier pour 10,000 fr., et 2° le créancier héréditaire pour 40,000 fr. (V. MM. Aubry et Rau, v, p. 220 et 230 et la note 48).

C. La séparation des patrimoines ne produit également, en principe du moins, aucun effet à l'égard de l'héritier contre les créanciers duquel elle est demandée. C'est ce qui nous parait encore démontré par les art. 878 et 2111. Celui-ci conserve donc tous les droits que la saisine lui a conférés : il peut disposer librement des biens de la succession, en toucher le prix ; la seule chose qui lui soit défendue, c'est de faire servir ces biens au paiement de ses créanciers personnels, de les hypothéquer en leur faveur. Mais, d'un autre côté, il reste soumis à toutes les obligations qui résultent de son acceptation pure et simple ; de telle sorte que si les créanciers héréditaires ne sont pas entièrement payés sur les biens qu'ils ont fait séparer, ils peuvent demander à cet héritier, sur ses biens, le reliquat de leurs créances, une fois que ses créanciers personnels ont été désintéressés.

Cette opinion n'est pas généralement admise. Quelques auteurs soutiennent, en se fondant sur l'art. 879, que le législateur de 1804 a entendu consacrer le système de Paul et d'Ulpien, et ils refusent, en conséquence, aux créanciers héréditaires, qui ont demandé la séparation des patrimoines, tout recours contre l'héritier, même après le paiement de ses créanciers personnels : *Recesserunt a persona heredis* (Dur., vii, n° 500 et 501, M. Bugnet sur Pothier, vii, p. 221). Suivant d'autres, non seulement les créanciers séparatistes qui n'ont pas été entièrement payés sur les biens séparés peuvent recourir contre l'héritier, mais ils viennent même en concours sur les biens de ce dernier avec ses créanciers personnels. La séparation des patrimoines con·fère, dit-on, un privilége ; or, d'après le droit commun, le créancier privilégié sur un bien n'en est pas moins chirographaire sur tous les autres. D'autre part, sur quoi se basent les créanciers de l'héritier pour repousser les créanciers héréditaires des biens de leur débiteur ? Sur ce que ces biens sont affectés d'une manière spéciale à leur paiement; ils invoquent donc un privilége. Mais où est le texte qui le crée? Il n'y en a pas et un privilége ne peut exister sans un texte formel. (MM. Demo., xvii, n° 220 ; Nicias-Gaillard, Rev. crit. viii, p. 201 et s.; Genty 36, p. 350 et s.; Dollinger, xiii, p. 179; Aubry et Rau, v, p. 232; Massé et Vergé, ii, p. 336).

Ces arguments ne nous touchent pas ; le système que nous avons adopté était celui de Lebrun et de Pothier et rien ne prouve que les rédacteurs du code aient entendu l'abandonner. L'art. 879 n'a pas, en effet, la portée qu'on lui donne ; «ce qui résulte de cet article, dit M. Demolombe, c'est que la séparation doit être demandée *rebus integris*, c'est-à-dire, avant que le créancier héréditaire ou le légataire ait encouru la déchéance du droit de la demander, mais nullement que le créancier héréditaire ou le légataire après avoir demandé la séparation ne conserve pas l'héritier pour débiteur». Nous croyons aussi avoir démontré que l'existence d'un privilége au profit des créanciers séparatistes n'était rien moins que certaine : ces créanciers n'ont encore aujourd'hui, comme dans notre ancien droit, qu'un droit de préférence à l'encontre des créanciers de l'héritier, et l'équité qui avait déterminé le grand jurisconsulte d'Orléans à leur refuser de venir concourir sur les biens de l'héritier avec les créanciers de ce dernier, nous dicte la solution qu'il convient de suivre (Malleville, sur l'art. 878; Marcadé, art. 880, n° 6; Mourlon, ii, p. 192).

D. Nous n'avons plus, pour en terminer avec les effets de la séparation des patrimoines, qu'à établir que, dans le cas où il y a plusieurs héritiers , elle ne fait pas obstacle au principe de la division des dettes.

Mais avant d'exposer les divers arguments présentés par les deux systèmes qui se sont formés sur ce point, il convient de faire remarquer que cette question est tout à fait indépendante de celle de savoir si la séparation confère un privilége. En d'autres termes, si on admet que le droit résultant de la séparation des patrimoines constitue un privilége, on ne peut pas en conclure que chaque héritier est tenu pour le tout, sur les biens qu'il a recueillis dans la succession, des dettes qui la grèvent, car le privilége ou l'hypothèque de la séparation n'a pu prendre naissance qu'au moment même où les dettes se sont divisées et n'a donc pu frapper les biens mis au lot de chaque cohéritier que pour sa part et portion.

Cela posé, voici les raisons que font valoir les auteurs qui enseignent que la séparation des patrimoines fait obstacle à la division des dettes. La division des dettes suppose nécessairement, disent-ils, la transmission des biens, et la séparation a précisément pour but de l'empêcher, en remettant les choses dans l'état où elles seraient si le *de cujus* vivait encore : donc la division des dettes n'a pas lieu. Le créancier qui demande la séparation met en quelque sorte la main sur le patrimoine du défunt , il fait revivre, en sa faveur, le droit de gage général et individuel que les art. 2092 et 2093 accordent à tout créancier ; il a refusé, selon l'expression de l'art. 879, l'héritier pour débiteur , il conserve donc le défunt, et comme il n'existe plus , c'est sur son patrimoine que porte son droit. On ne peut donc lui ravir, sans le payer , une fraction quelconque de ce patrimoine. — Ils font remarquer encore qu'avec le système de la division , les intérêts des créanciers hypothécaires peuvent se trouver gravement compromis par l'effet du partage ; et ils ajoutent qu'on ne peut pas admettre que les créanciers héréditaires qui ont accompli toutes les formalités de la loi soient dans une position moins favorable que les légataires auxquels l'art. 1017 permet de poursuivre chaque héritier à concurrence de la valeur des immeubles mis dans son lot [MM. Duc., Bon. et Roust. II, nº 766; Demante, III, nº 222 bis , II et III; Bord.,

14 juill. 1836, Sir. 37 , 2. 222 ; Caen, 17 janv. 1855 (arrêt cassé)].

L'opinion contraire nous a toujours paru plus juridique. Aux termes des art. 873 et 1220 C. C. , les dettes se divisent de plein droit entre les héritiers ; chacun d'eux n'en est tenu que pour sa part et portion, et au lieu d'un texte qui abroge cette règle dans le cas de séparation des patrimoines , nous ne trouvons au code que les art. 878 et 2111 qui nous disent que la séparation n'est demandée que contre les créanciers de l'héritier, en d'autres termes , qu'elle ne produit aucun effet au regard de ce dernier. Comment admettre alors que la séparation fasse échec au principe de la division des dettes ? Mais, dit-on , ce système ne sauvegarde pas les intérêts des créanciers héréditaires ! Nous répondons avec MM. Aubry et Rau : « le bénéfice de séparation n'a été imaginé que pour parer au préjudice que causerait la confusion des patrimoines, et non pour obvier à l'inconvénient qui résulterait de la division des dettes et du partage des biens du défunt. A chaque mal son remède. L'inconvénient que l'on signale trouvera le sien dans le droit accordé aux créanciers héréditaires de s'opposer à ce qu'il soit procédé au partage de l'hérédité hors de leur présence et d'écarter le partage qui, malgré leur opposition , aurait été consommé en leur absence» (MM. Aubry et Rau , v, p. 233, 234 ; Demo., xvii, n° 211 ; Cass. , 9 juin 1857 , Pal. 1858, p. 614).

II.

La séparation des patrimoines demandée contre un héritier n'apporte aucune modification à sa position vis-à-vis de ses cohéritiers : les art. 875 et 876 C. C. restent applicables au point de vue du recours qu'ils peuvent avoir à exercer l'un à l'encontre de l'autre.

POSITIONS.

DROIT ROMAIN.

I. — Le mariage romain était parfait *solo consensu.*

II. — Avant la constitution 22 C. *de rei vindicatione*, 3, 32, le possesseur de bonne foi devenait propriétaire définitif des fruits perçus avant la *litis contestatio.*

III. — Le pupille qui contractait *sine tutoris auctoritate* était soumis à une obligation naturelle.

IV. — Quand un *adpromissor* s'était engagé *in duriorem causam*, son obligation n'était pas nulle pour le tout, mais seulement réductible dans la mesure de l'obligation principale.

V. — A l'époque classique, la propriété transférée sous condition résolutoire, ne retournait, lors de la réalisation de la condition, sur la tête du *tradens*, que par l'emploi d'un des modes d'acquisition reconnus par le Droit romain.

VI. — Le contrat de bonne foi entaché de violence était simplement annulable.

VII. — L'obligation naturelle est prescriptible.

ANCIEN DROIT FRANÇAIS.

I. — La transaction n'a qu'un effet purement déclaratif, parcequ'on la considère comme un jugement volontaire.

II. — L'art. 108 de la coutume de Paris : « *un simple transport ne saisit point et faut signifier le transport à la partie et bailler copie avant que d'exécuter* » a son origine dans le droit germanique.

III. — La saisine proprement dite est la véritable cause de l'obligation aux dettes *ultrà vires.*

DROIT CIVIL FRANÇAIS.

I. — L'étranger légalement divorcé dans son pays, peut contracter un autre mariage en France, même avec une personne française, du vivant de son conjoint.

II. — Les servitudes continues et apparentes peuvent être acquises par la prescription de 10 à 20 ans.

III. — L'obligation alimentaire prend fin par la mort de celui qui en était tenu.

IV. — Le légataire universel saisi est tenu des dettes *ultrà vires successionis.*

V. L'héritier pur et simple n'est tenu des legs *qu'intrà vires.*

VI. — Le légataire universel non saisi, le légataire à titre universel et le successeur irrégulier ne sont que de simples successeurs aux biens, tenus des dettes *intrà vires.*

VII. — La séparation des patrimoines ne donne aux créanciers héréditaires qu'un simple droit de préférence à l'encontre des créanciers personnels de l'héritier.

VIII. — La séparation des patrimoines et l'acceptation bénéficiaire ne font pas obstacle au principe de la division des dettes.

PROCÉDURE CIVILE.

I. — La réintégrande pour être exercée n'exige pas, comme la complainte, la possession d'an et jour.

II. — Lorsqu'une succession n'a été acceptée que sous bénéfice d'inventaire, les créanciers héréditaires peuvent saisir les immeubles qui en dépendent ou former des saisies-arrêts entre les mains des débiteurs de cette succession.

III. — Le jugement qui valide une saisie-arrêt donne au saisissant un droit exclusif de celui de tous les autres, alors même qu'il est frappé d'opposition ou d'appel.

DROIT COMMERCIAL.

I. — L'héritier failli qui a obtenu un concordat doit rapporter à ses cohéritiers l'intégralité de la somme qu'il a reçue du *de cujus* et non pas seulement le dividende stipulé dans le concordat.

II. — En cas de refus du mari, ou même en cas d'absence ou d'incapacité de celui-ci, la justice ne peut autoriser la femme à faire le commerce.

III.— Le privilége du vendeur tombe sous le coup de l'art. 448 C. Com.

DROIT CRIMINEL.

I. — Le complice est passible de l'aggravation de peine encourue par l'auteur principal à raison d'une qualité spéciale à celui-ci, exerçant une influence sur la nature même du crime.

II. — Un commerçant ne peut être poursuivi pour banqueroute frauduleuse tant que sa faillite n'a pas été déclarée par le tribunal de commerce.

III. — Le condamné frappé d'interdiction légale peut tester.

DROIT ADMINISTRATIF.

I. — Dans le cas où un immeuble a été exproprié pour partie, l'acquéreur à titre particulier de la portion non expropriée a le droit d'exercer le privilège de rétrocession sur la première partie, lorsque celle-ci n'a pas reçu sa destination.

II. — Les chemins ruraux sont prescriptibles.

III. — Le tribunal correctionnel est compétent pour connaître de l'action formée contre les membres d'un conseil municipal à raison de propos et assertions diffamatoires insérés dans une délibération de ce conseil.

IV. — Le Président d'un tribunal civil ne peut ordonner, en référé, une expertise à l'effet de constater le dommage causé par des travaux publics à une propriété privée. Si la partie veut obtenir une pareille constatation avant de saisir le Conseil de préfecture de sa demande en indemnité, c'est au Préfet qu'elle doit s'adresser.

Vu :

Le Président de la Thèse,

Gustave BRESSOLLES.

Vu :

Le Doyen de la Faculté,

DUFOUR.

Vu et permis d'imprimer :

Pour le Recteur empêché, l'Inspecteur d'Académie délégué,

VIDAL-LABLACHE.

« Les visas exigés par les règlements sont une garantie des principes et » des opinions relatifs à la religion, à l'ordre public et aux bonnes mœurs » (statuts du 9 avril 1825, art. 11), mais non des opinions purement juridi- » ques dont la responsabilité est laissée aux candidats.

» Le candidat répondra en outre aux questions qui lui seront faites sur » les autres matières de l'enseignement. »

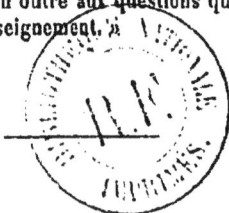

TABLE DES MATIÈRES.

Pages.

Introduction.. 5

Première partie, Droit Romain............................... 11

   Chapitre Ier. Des dettes transmissibles et intransmissibles....... 11

   Chapitre II. Du droit de poursuite des créanciers héréditaires.... 16

   Chapitre III. De la contribution aux dettes..................... 36

   Chapitre IV. Des bénéfices accordés, soit aux créanciers héréditaires,
      soit aux héritiers................................. 41

      § I. Bénéfice accordé aux créanciers (*de la separatio
        bonorum*)......... 41

      § II. Bénéfices accordés aux héritiers (*de la separatio
        bonorum*, du bénéfice d'abstention, *du jus deliberandi*
        et du bénéfice d'inventaire)...................... 52

Deuxième partie, Ancien droit français..... 67

   Chapitre Ier. Législation des pays de droit écrit............... 67

   Chapitre II. Législation des pays de droit coutumier.. 68

      § I. Du droit de poursuite des créanciers héréditaires..... 69

      § II. De la contribution aux dettes.................... 77

   Chapitre III. De l'influence du bénéfice d'inventaire sur le paiement
      des dettes héréditaires.......................... 80

   Chapitre IV. De l'influence de la séparation des patrimoines....... 83

Troisième partie. Droit actuel... 87

Chapitre Iᵉʳ. Des dettes transmissibles et intransmissibles. 87

Chapitre II. Du droit de poursuite des créanciers héréditaires.. .. 92

Chapitre III. De la contribution aux dettes.................. 138

Chapitre IV. De l'influence du bénéfice d'inventaire et de la séparation
des patrimoines sur le paiement des dettes héréditaires. 151

Section Iʳᵉ. De l'influence du bénéfice d'inventaire........... 151

§ I. Au point de vue du droit de poursuite............. 151

§ II. Au point de vue de la contribution............... 172

Section II. De l'influence de la séparation des patrimoines... 173

I. Au point de vue du droit de poursuite............. 180

II. Au point de vue de la contribution.................. 193

Positions.. 193

Toulouse, Impr. Louis et Jean-Mathieu Douladoure, rue Saint-Rome, 39.

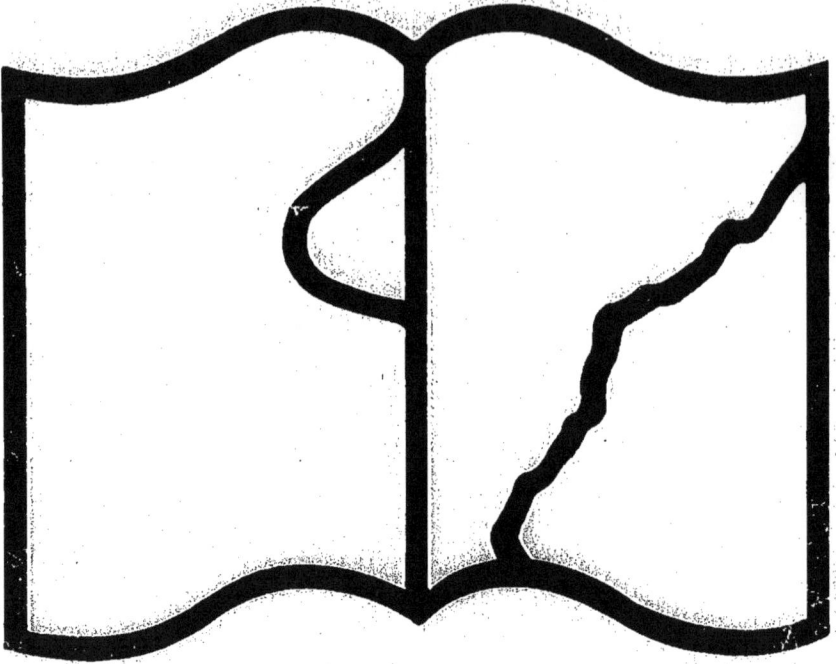

Texte détérioré — reliure défectueuse

NF Z 43-120-11

Contraste insuffisant

NF Z 43-120-14

www.ingramcontent.com/pod-product-compliance
Lightning Source LLC
Chambersburg PA
CBHW060531210326
41519CB00014B/3193